DE LA POLITIQUE

INTÉRIEURE ET EXTÉRIEURE

DE LA FRANCE

DEPUIS LA RÉVOLUTION DE JUILLET 1830.

PREMIÈRE PARTIE.

POLITIQUE EXTÉRIEURE.

Lorsque la révolution française éclata, Burke s'écria *qu'il y avait un vide en Europe.*

Burke avait raison.

L'unité européenne, fondée sur le *droit divin*, fut altérée et rompue le jour où les représentans de la France, appuyés sur le principe de la *souveraineté nationale*, jurèrent, *au Jeu de Paume*, de donner une nouvelle constitution à leur pays. Dès ce moment la monarchie de Charlemagne et de Louis XIV disparut et laissa une lacune immense sur la carte de l'Europe féodale (1).

Mais Fox eut raison aussi de répondre à Burke que cette lacune, que ce *vide* était un *volcan*.

C'était là, en effet, que bouillonnaient les laves démocratiques

---

(1) M. Royer-Collard a prétendu que le droit divin était un *mensonge histo-rique*. C'est nier la formule sacramentelle de tous les actes de la royauté féo-dale, c'est méconnaître la consécration religieuse du principe politique qui réglait, au moyen âge, la transmission du pouvoir temporel. Quelque opinion que l'on ait aujourd'hui sur cette puissance de consécration, il n'en est pas moins vrai que les rois affectèrent toujours de ne tenir leur couronne que de Dieu et de leur épée, et que les peuples crurent long-tems aussi à la légitimité de cette prétention

que la philosophie du dix-huitième siècle avait préparées contre les institutions aristocratiques du moyen âge. Les rois, les nobles et les prêtres, glacés d'effroi en voyant s'ouvrir devant eux ce redoutable cratère, se liguèrent aussitôt pour le combler. Tout leur parut légitime pour parvenir à ce but. Fraudes diplomatiques, mensonges officiels, hostilités souterraines, guerre civile, invasions, manifestes incendiaires, trahison, rien ne les arrêta dans l'accomplissement d'une œuvre qu'ils devaient d'autant plus regarder comme sainte et sublime qu'ils croyaient défendre un ordre social revêtu du sceau divin, contre des innovations criminelles suggérées par un esprit satanique, par le démon de la réforme, par le génie de la révolte et de l'impiété.

On a beaucoup reproché aux rois Pilnitz; aux nobles, Coblentz; aux prêtres, la Vendée.

Les rois cependant *firent leur métier de rois*. Il en fut de même des nobles et des prêtres. Mais le peuple français aussi *fit son métier de peuple*.

Sous la république et sous l'empire, le *vide* de Burke resta glorieusement ouvert, et s'agrandit même d'une manière effrayante pour les défenseurs de l'ancien système européen. Un instant, la féodalité continentale sembla menacée d'être enfermée vers le Nord dans d'étroites limites : l'abîme creusé sous ses vieilles prétentions tenait de Cadix à Moscou.

Quelques orateurs (MM. Guizot et Thiers) ont avancé, dans une discussion récente, que ce *vide volcanique* avait frappé le monde d'épouvante, et rendu le nom français odieux partout où la conquête avait porté son action dévorante.

Le vétéran le plus illustre de la révolution, le général Lafayette, s'est chargé de protester contre cette outrageante négation de l'influence de nos triomphes sur la civilisation européenne. Il a dignement rappelé tout ce qui avait recommandé la république et Napoléon à l'admiration et à la reconnaissance des peuples.

J'examinerai plus tard pourquoi deux publicistes libéraux,

deux écrivains aussi distingués que MM. Thiers et Guizot, ont insisté, avec quelque complaisance, sur les ravages et les désastres qui ont marqué notre action militaire sur l'Europe. On ne devait pas s'attendre à rencontrer chez l'historien de la révolution d'Angleterre, pas plus que chez l'apologiste de la révolution française, des traces de l'esprit de dénigrement qui a dicté tant de pages injurieuses contre notre soif de liberté et de gloire, depuis les pamphlets de Rivarol jusqu'aux diatribes parlementaires du marquis de Londondery.

Si les armées françaises n'eussent traîné à leur suite que des calamités, la peur de la propagande n'aurait pas enfanté tant de coalitions, et les rois se seraient volontiers dispensés de toutes les mesures rigoureuses qu'ils durent prendre contre leurs sujets, pour les préserver de la contagion de nos principes.

Mais la royauté et l'aristocratie féodales, qui voyaient surtout des initiateurs révolutionnaires dans nos soldats, savaient aussi qu'il y aurait danger pour les *trônes légitimes,* et menace permanente de contagion politique, aussi long-tems que la *souveraineté populaire,* en bonnet rouge ou en diadème, pourrait colporter de Paris dans tout le reste de l'Europe les mœurs et les idées de la nouvelle France, non-seulement par la guerre, sur un char de victoire; mais aussi par le commerce, les sciences et les arts, sous les auspices de la paix.

C'est à cette conviction profonde de la royauté et de l'aristocratie que sont dus ces nombreux traités, aussitôt violés que conclus, qui composent l'histoire de notre diplomatie de 1792 à 1815. Quand la fortune mettait les empires à notre discrétion, on s'humiliait, on suppliait, on promettait; mais le vieil esprit monarchique, refoulant au dedans de lui-même son antique orgueil, ne faisait que se plier aux circonstances, que dissimuler ses répugnances et ses haines, qu'ajourner ses projets de vengeance, et que renvoyer à la première occasion favorable une nouvelle manifestation de son inimitié invétérée. L'ancienne Europe voulait être homogène à tout prix : rien ne pouvait lui faire abandonner ce désir qu'elle puisait dans l'instinct même de sa conservation. Ni Fleurus, ni Jemmappes, ni Marengo, ni Arcole, ni Austerlitz, ni Wagram, ni Montmirail, ni Brienne, ne purent la dissuader. Le droit divin se sentait mal à l'aise et ne se croyait pas en sûreté dans le voisinage du principe révolutionnaire. La forme impériale ne remplissait pas mieux que la forme républicaine la sanglante lacune que les dynasties, les castes et les générations amies de l'ancien régime n'apercevaient qu'avec effroi dans l'histoire de la légitimité. La paix entre la France et l'Europe ne fut donc jamais qu'une trève arrachée par la nécessité à des ennemis irréconciliables, et violée intentionnellement d'avance par ceux qui la juraient avec le plus de solennité. Pour se convaincre de cette vérité, il ne faut que suivre la diplomatie depuis les préliminaires de Léoben jusqu'à la rupture des conférences de Châtillon. Enfin, après tant de défaites essuyées, tant de revers réparés, tant de traités méconnus, tant de promesses trahies, l'Europe féodale obtint le prix de sa persévérance. La victoire déserta un jour nos drapeaux, et le *vide* de Burke fut comblé. La capitale du monde civilisé vit entrer à la fois dans ses murs l'ancien régime et la barbarie, les Bourbons et les Cosaques.

La restauration ne combla néanmoins qu'à la surface le *vide* signalé depuis vingt-cinq ans par l'illustre Anglais.

Sous la couche féodale que la Charte *octroyée* étendit sur la France, restaient intactes les lois civiles, les relations nouvelles, les mœurs libérales que la révolution avait créées.

Louis XVIII et Charles X s'occupèrent donc successivement de refaire ces mœurs, ces relations et ces lois. Ils sentaient que l'abîme des révolutions n'était que faiblement couvert, et pas du tout fermé, par les vieilles formules du *droit divin*, et par le rétablissement du trône, de la cour et de l'étiquette de l'ancien régime. Il leur fallait une rétrogradation qui ne s'arrêtât pas à la superficie de la région gouvernementale, mais qui pénétrât dans la vie intime, dans les profondeurs de la société. De là leurs tentatives pour ressusciter dans les corps politiques l'aristocratie du passé, pour relever l'antique sacerdoce en replaçant le bourreau sur l'autel, pour reconstituer la famille féodale par le droit d'aînesse et les substitutions, pour nous rendre le mariage indissoluble et la puissance paternelle, selon les dogmes du moyen âge.

Mais, en élevant cet échafaudage gothique sur le sol mouvant de la France, qui ne pouvait plus rien supporter de semblable; en posant tous ces débris du vieil édifice sur le gouffre révolutionnaire, ils ne firent que fournir un nouvel aliment au foyer volcanique qu'ils voulaient éteindre. Le cratère se rouvrit : en trois jours il dévora l'œuvre de quinze années de *restauration* et de quarante ans de *coalition*. L'unité monarchique, fondée sur la *légitimité* et mise sous la sauve-garde de la sainte alliance, fut détruite. Depuis ce grand événement, LE VIDE DE BURKE EXISTE EN EUROPE.

Il est vrai que, malgré la reconnaissance formelle du principe de la souveraineté nationale, le gouvernement issu de juillet s'est efforcé de faire oublier son origine, et de persuader à l'Europe du *droit divin* qu'il n'y avait qu'un homme de moins en France. Je sais que, pour faire croire aux rois que la nouvelle révolution ne changerait rien à l'homogénéité monarchique et à l'unité du système établi par les traités de Vienne et de Paris, on a été jusqu'à flétrir du titre de *catastrophe* la victoire du peuple français et la chute de Charles X; promettant bien de maintenir, sous le nom de *quasi-légitimité*, l'ordre politique fondé en 1814, au milieu de nos revers et sous l'influence de nos ennemis.

Mais l'illusion des princes et de leurs conseillers ne peut rien contre la puissance des faits. Le cabinet du Palais-Royal a eu beau caresser la vieille Europe, aller au-devant de ses fantaisies, ménager sa susceptibilité, respecter ses exigences et ses caprices, jurer de ne pas troubler le repos fragile de sa caducité, la vieille Europe l'a traité en parvenu qui voulait gagner sa légitimité à tout prix ; elle n'a pas cessé un instant de se préparer à lui montrer qu'elle n'entendait pas la révolution de 1830 dans un sens aussi étroit et aussi mesquin que le faisaient certains hommes d'état de la France.

Certes, je suis loin de faire un crime à ces hommes de leurs efforts pour apaiser la colère des rois et pour préserver les peuples des horreurs d'une guerre générale. Je ne leur reprocherai pas non plus comme un tort irrémissible d'avoir tremblé à l'idée de l'envahissement des opinions républicaines, et d'avoir cherché à le conjurer, en se rattachant le plus possible, au dedans à la restauration, au dehors à la sainte alliance. Il était naturel qu'habitués à ne croire la paix et le bonheur possibles qu'à la double condition d'éviter les excès de l'esprit rétrograde et les empiétemens de la démocratie, ils ne vissent rien au-delà de la Charte et de la paix de 1814, et qu'ils tendissent par conséquent de toutes leurs forces à faire considérer les événemens de juillet comme le simple châtiment du parjure royal et comme le triomphe même des théories constitutionnelles et des combinaisons diplomatiques dont ils avaient été les auteurs ou les soutiens, à la fin de l'ère impériale et pendant toute la durée de la restauration.

Mais ces hommes avaient-ils bien compris la France, en proclamant qu'elle n'avait voulu en juillet que continuer le régime dont 500,000 baïonnettes étrangères avaient pu seules lui faire accepter le joug en 1814 et 1815, et contre lequel elle n'avait cessé de conspirer jusqu'en 1830 ?

Ces hommes avaient-ils bien compris les potentats et l'aristocratie de l'Europe, en se flattant de faire admettre *le roi des barricades* dans la vieille famille monarchique, et d'obtenir de la sainte alliance une paix réelle et durable pour le peuple qui venait de rouvrir avec tant d'éclat le foyer du volcan révolutionnaire ?

Je n'ai à répondre en ce moment qu'à cette seconde question : je m'occuperai plus loin de la première.

M. Guizot a dit lui-même, dans son dernier plaidoyer pour le système de la quasi-restauration, *que l'Europe n'était pas de ceux qui n'avaient rien oublié ni rien appris depuis quarante ans;* et il a fait servir cette judicieuse remarque à justifier les soupçons et les méfiances que la diplomatie étrangère devait nourrir à l'égard de la France.

Je partage pleinement sur ce point l'opinion de M. Guizot ; mais j'en tire une conclusion tout-à-fait opposée à la sienne, c'est que l'Europe, ainsi alarmée par ses souvenirs et instruite par l'expérience, ne peut pas tenir aussi fortement qu'on voudrait nous le faire croire aux dispositions amicales et aux résolutions pacifiques qu'on lui prête.

Il y a contradiction manifeste à présenter les cabinets sous l'influence de la terreur inspirée naguère par nos armes, et à expliquer leurs immenses préparatifs par le réveil des anciennes antipathies nationales, pour nous engager ensuite à dormir dans une parfaite sécurité et à rêver le désarmement général. Telle a été pourtant la logique de MM. Guizot et Thiers, et elle a fait fortune à la chambre des députés. Il est vrai que ces deux orateurs, dont le talent parlementaire, les lumières politiques et les connaissances historiques ont rendu l'appui si précieux au cabinet du Palais-Royal, pour remplir la double tâche de justifier le ministère et d'accuser l'opposition de tous les maux qui pèsent non-seulement sur notre pays, mais encore sur l'Espagne, l'Italie, la Belgique et la Pologne; il est vrai, dis-je, que ces deux orateurs, après avoir rappelé complaisamment tout ce que les guerres de la révolution et de l'empire avaient soulevé en Europe de préventions haineuses contre le génie conquérant de la France, se sont crus obligés d'atténuer l'influence peu pacifique que de pareils souvenirs devaient nécessairement exercer sur l'esprit des rois, en nous parlant du mépris que l'on témoigne hautement dans toutes les cours européennes pour *la branche aînée des Bourbons.* Mais, lors même que ce *mépris* serait aussi profond que le prétend M. Thiers, dans la chaleur de son dévoûment *à la branche cadette,* quel motif de sécurité pourrions-nous y trouver pour la France? Ce n'est pas en considération des qualités personnelles de Louis XVI ou de Louis XVIII que tant de coalitions ont été formées contre nous depuis quarante ans. L'affection et l'estime particulière pour tel ou tel prince touchent peu et déterminent rarement les cabinets. On ne professait pas un grand respect pour Ferdinand VII, aux Tuileries, lorsqu'on y résolut de le soustraire à la domination des cortès; et il est fort probable que la plupart des souverains qui insistent le plus sur le maintien du pouvoir absolu en Portugal font d'ailleurs peu de cas et parlent souvent avec dégoût du *monstre* qui opprime ce malheureux pays. Ce que désirent avant tout les vieilles dynasties, c'est le triomphe du principe en vertu duquel elles règnent; c'est de défendre partout où elle est attaquée la solidarité qui les lie; c'est de rétablir l'unité européenne, fondée sur le dogme de la légitimité : peu leur importe le caractère du prince dont elles poursuivent la restauration. Il n'est pas un acte diplomatique qui ait démenti cette assertion, depuis la déclaration de Pilnitz jusqu'au congrès de Vérone.

Et puis est-il bien exact de dire que les rois de l'Europe *méprisent* Charles X et sa famille? Le corps diplomatique, infidèle à sa discrétion et à sa réserve ordinaires, a-t-il laissé échapper quelques indices sur ce point? M. Thiers, admis aux plus hautes confidences, a-t-il exprimé réellement la pensée secrète des monarques européens à l'égard de la dynastie déchue?

De quelque autorité que jouisse le témoignage de cet orateur, et quelque respectable que soit la source où il puise ses renseignemens, il est permis de le croire mal informé en cette circonstance.

Que Charles X, contre-révolutionnaire opiniâtre, ennemi aveugle du progrès, protecteur fanatique de tout ce qui pouvait ramener l'ancien régime, soit représenté sous le poids de la haine des peuples, cela se conçoit; mais que l'on prétende ensuite qu'après avoir encouru la réprobation du libéralisme par son obstination rétrograde , il soit devenu l'objet du mépris des rois , dont il avait suivi l'exemple ou défendu la cause par son *immuable volonté* et son *audacieuse persistance* , c'est ce qu'il n'est pas possible d'admettre. Les princes qui ont pu blâmer le plus sévèrement sa conduite, en raison des conséquences fâcheuses qu'elle a eues pour le repos de l'Europe , ne l'ont certainement pas trouvé *méprisable* dans son refus de céder aux exigences constitutionnelles de ses sujets ; et, tout en déplorant le résultat des fatales ordonnances , ils n'ont guère pu considérer la main suprême qui les avait signées que comme une gardienne vigoureuse de la noblesse, de la dignité et des prérogatives de la couronne. Leur mépris a dû tomber plutôt sur ceux qui , sans se laisser rebuter par les avanies et les insultes , ont voulu acheter par des concessions journalières, et n'ont cessé de mendier avec l'humilité la plus obstinée, une bienveillance qui ne pouvait jamais être sincère de la part des potentats, et à laquelle on mettait chaque jour un plus haut prix....

D'ailleurs, le mépris royal qui pèserait sur Charles X et sur d'autres membres de sa famille pourrait-il atteindre l'*enfant* que les partisans de la dynastie déchue regardent comme le dépositaire des destinées de la France, et à qui l'Europe monarchique n'a rien à reprocher encore qui puisse le priver de la haute protection et de la vive sollicitude qu'elle ne peut manquer d'accorder au représentant de la *légitimité*, à l'héritier du *droit divin!*

En vérité, c'est trop compter sur la facilité de la France à se laisser étourdir par des phrases, que d'espérer la rassurer par de semblables moyens sur les dispositions des puissances étrangères. Pour dissiper les alarmes de la nation , il faut autre chose qu'une divulgation officieuse de l'opinion particulière des souverains et de leurs plénipotentiaires sur les exilés d'Holy-Rood, surtout quand on s'est efforcé dans le même discours de faire un tableau bien sombre des excès de la république, des ravages de l'empire, des troubles nés ou à naître de la révolution de juillet, et de tous les désordres passés ou imminens qui peuvent entretenir ces plénipotentiaires et ces souverains dans un état continuel d'irritation, de méfiance et de haine contre la France.

Mais, disent les publicistes profonds qui ont imaginé, mis en pratique et défendu dans d'éloquens plaidoyers le système de la *quasi-restauration*, les grandes puissances, malgré leurs appréhensions légitimes, malgré tous les justes motifs qu'elles ont de nous craindre et de nous haïr, les grandes puissances ne nous feront pas la guerre *si nous sommes sages* ; car on ne se décide à la guerre que dans deux cas : lorsque des intérêts matériels l'exigent, ou lorsqu'il y a lieu de redouter le débordement d'un principe ennemi. Or l'Europe monarchique n'a aucun intérêt matériel en souffrance qui la porte à nous attaquer : il ne s'agit donc que de la rassurer sur l'invasion des doctrines libérales et les empiétemens de la démocratie, pour obtenir d'elle un désarmement général, et garantir aux peuples le maintien de la paix.

L'Europe monarchique n'a pas été froissée dans ses intérêts matériels par la révolution de juillet ! c'est incontestable. Elle ne puisera pas dans ses intérêts matériels des raisons de nous déclarer la guerre ! c'est encore évident. Le cabinet du Palais-Royal a trop pris soin de la satisfaire et de la rassurer sous ce rapport, en laissant l'Autriche s'étendre en Italie, la Prusse occuper le Luxembourg, l'Angleterre régner en Belgique, et la Russie écraser la Pologne, pour que la rupture puisse venir de ce côté. J'avouerai même que si la guerre ne devait sortir que du conflit des intérêts matériels, je compterais assez sur l'esprit conciliateur et facile dont le gouvernement français s'est montré animé depuis quinze mois, pour promettre à mon pays une ère pacifique bien longue, avant que la condescendance de sa diplomatie fût épuisée.

Reste donc seulement la question de *sagesse* !

Mais qui la jugera cette question ?

Les princes, les mêmes princes, qui n'ont vu que *crime* ou *folie* dans la conduite du peuple français, depuis la prise de la

Bastille en 1789 , jusqu'à celle du Louvre et des Tuileries en 1850 !

On l'a dit avec beaucoup d'esprit et de vérité à la tribune : Pour être *sages* aux yeux des rois et de l'aristocratie, il nous faudrait réprouver d'abord *le délire de juillet*, renoncer ensuite à ses résultats, et retourner, pleins de repentir et d'humilité, à la restauration. Quelles que soient l'expérience pédagogique et la puissance doctorale des hommes d'État qui ont recueilli les traditions du *canapé*, je ne pense pas qu'ils parviennent jamais à enseigner efficacement cette *sagesse* à la France.

Mais ces hommes se récrient ; ils prétendent que nous exagérons les répugnances des cours étrangères pour notre dernière révolution ; ils affirment que les exigences de la sainte-alliance sont raisonnables, et que ses dispositions resteront pacifiques aussi long-tems que nous saurons conserver les ministres et les principes du *juste-milieu.*

Eh bien ! ces principes et ces ministres triomphent dans les conseils de la couronne et dans le sein de la représentation nationale ! les grandes puissances en continuent-elles moins leurs préparatifs militaires ? Cependant, si l'on s'est hâté de les satisfaire sous le rapport matériel, en ratifiant les spoliations et les démembremens de 1814, et en consentant à l'extension de la puissance autrichienne en Italie, de la domination prussienne dans le Luxembourg, de l'influence anglaise en Belgique, l'on n'a pas été moins empressé de céder, sous le rapport moral, aux désirs des cabinets de Madrid, de Turin, de Vienne, de Berlin, de Londres et de Pétersbourg, en dispersant les réfugiés espagnols qu'on avait d'abord enrégimentés et armés, en emprisonnant les proscrits piémontais et italiens, en laissant égorger les patriotes de Bologne et de Modène, en faisant avorter la république et l'élection du duc de Leuchtenberg à Bruxelles, en repoussant les vœux du peuple belge pour sa réunion à la France, en traitant avec don Miguel, et en refusant enfin à la Pologne expirante le simple appui d'une reconnaissance solennelle. Comment, après tant de preuves de *sagesse*, tant de gages de modération, le désarmement général, dont on nous parle depuis un an, n'est-il pas encore obtenu? Que faut-il donc de plus pour apaiser la colère des souverains, pour les tranquilliser sur nos intentions, et pour les amener à prendre une attitude moins menaçante et moins hostile envers la France?

Ce qu'il faut, ce n'est pas seulement que nous laissions étouffer le principe révolutionnaire chez nos alliés et nos amis, c'est qu'on puisse l'éteindre surtout dans son principal foyer, c'est qu'on vienne le détruire au milieu de nous. Qu'importe, en effet, que les ravages lointains du volcan soient réparés, si le cratère est toujours ouvert, toujours fumant, toujours en état d'éruption flagrante ou prochaine? Qu'importe que les rameaux de l'arbre de la liberté soient entièrement coupés, et qu'ils sèchent et périssent séparés du tronc, si le tronc lui-même est toujours debout, plein de sève et de vigueur, capable de reproduire, par de nouveaux jets, toutes ses branches perdues? C'est la dernière racine de l'arbre, c'est la dernière lave du volcan, qu'il faut à la sainte-alliance, pour qu'elle puisse, libre de toute crainte, déposer les armes et proclamer le règne de la paix là où elle aura établi la solitude et le silence des tombeaux.

Et qui oserait se flatter de lui inspirer quelque sécurité, tant que *le vide de Burke* ne sera pas entièrement comblé, tant qu'il ne sera que superficiellement recouvert par des complaisances diplomatiques et par des fictions parlementaires? Où est le Napoléon en qui l'Europe féodale reconnaisse assez de force et d'autorité pour se reposer sur lui du soin d'enchaîner le lion populaire, et de dire au torrent démocratique : « Tu n'iras pas plus loin? »

Qui oserait?.... où est le Napoléon?... — « Nous voici, » s'écrient très-sérieusement les doctrinaires, les quasi-légitimistes, et tous les coryphées du *juste-milieu* : « Nous voici! Qu'on veuille seulement *nous laisser faire*; qu'on ait un peu plus de confiance en notre patriotisme, un peu plus de foi en notre génie, et nous nous chargeons de réconcilier la nouvelle France avec la vieille Europe. » Mais l'Europe et la France, prenant en pitié leur prétention, se hâtent de répondre : « Il y a plus d'un an qu'on *vous laisse faire*, et depuis plus d'un an vous n'avez pu passer un seul jour sans constater vos embarras, sans dénoncer votre impuissance, sans proclamer vos plaintes, vos terreurs à la face du monde ! Comment pouvez-vous donc, si faibles, si incertains, si effrayés, aspirer à l'honneur et nourrir l'espérance d'accomplir une tâche à laquelle ne suffirait même plus aujourd'hui un géant de puissance et de gloire ? »

Cependant les sages de la *quasi-restauration*, malgré leurs plaintes et leurs frayeurs continuelles, n'en persistent pas moins à croire en eux-mêmes, et ils s'efforcent obstinément de nous faire partager la foi exclusive qu'ils ont en leurs propres lumières. Rien ne peut les dissuader à cet égard, ni les catastrophes qui se multiplient au dehors et qu'ils ne savent pas prévenir, ni les désordres qui renaissent sans cesse au dedans. A les entendre, tout irait plus mal encore, si leur haute prudence ne veillait sur les intérêts généraux de l'Europe et sur le bonheur particulier de notre pays. Car, vous dira M. Thiers, ces événemens extérieurs que l'on déplore avec tant d'amertume, et que nous avons dû accepter sous peine d'amener une conflagration universelle, dont l'horrible perspective a fait dire à l'illustre Brougham *que le ministre qui compromettrait la paix européenne mériterait de perdre la tête ;* ces événemens ne sont pas de nature après tout à exciter tant de regrets et de si violentes récriminations. On prétend que nous avons perdu l'affection des peuples en refusant d'intervenir en faveur des *insurgés* de la péninsule, de la Romagne, de la Belgique et de la Pologne : mais il y avait plus de dangers que d'avantages à risquer une pareille intervention. Et puis, voyez s'il n'y a pas lieu de se consoler ! Les Espagnols, quoi qu'on en dise, et bien que nous ayons eu nous-mêmes un instant l'intention de faire de la propagande à leur profit, les Espagnols ne sont pas mûrs pour la liberté. Les Italiens manquent d'unité, d'énergie et de courage ; c'est un ramassis de petits peuples plus ou moins méprisables qui, aujourd'hui même, sous le bâton tudesque, malgré les réactions pontificales et les gibets de Modène, sont plus heureux que si nous eussions tenté de les secourir. La Belgique est gouvernée par un prince anglais, parce que nous ne pouvions y souffrir ni les formes de la république, ni le sang de Napoléon, et qu'il n'était pas convenable non plus que nous consentissions à la réunir à nous ou à lui donner pour roi un prince de race française, mais nous lui avons fait obtenir la position la plus favorable à ses intérêts et aux nôtres ; elle est *neutre* comme la Suisse, et l'inviolabilité de son territoire se trouve tellement garantie que si l'une des puissances s'avisait de le violer, toutes les autres pourraient aussitôt le violer également. Quant à la Pologne, elle ne pouvait pas rester indépendante ; la géographie s'y opposait. Frédéric l'avait bien senti. Ce fameux partage, dont on a fait tant de bruit et que l'histoire a enregistré parmi les grands attentats politiques, fut une nécessité, dont la cause dure encore, et sera même éternelle, puisqu'elle tient à la situation naturelle du pays. Ce n'est pas le cas de faire du sentiment, mais de la raison. On ne peut pas créer les nations par un acte législatif, et une Pologne est impossible. D'ailleurs ce sont les clubistes de Varsovie qui ont amené sa chute, et il n'est pas vrai que le peuple polonais fût notre avant-garde, car on ne place pas son avant-garde à une distance de 400 lieues.

Telle est la pensée générale et dominante du discours de M. Thiers ; tel est l'esprit de l'apologie ministérielle qu'il a prononcée à la tribune nationale. Il est vraiment difficile de comprendre comment ce jeune publiciste, qui marqua de bonne heure dans le monde littéraire par la hardiesse de ses idées et par des travaux qui annonçaient une vaste intelligence et de graves études, a pu descendre tout à coup de la hauteur de l'histoire et de la philosophie à l'exploration minutieuse d'un dossier diplomatique, et parler, avec la sécheresse du bureaucrate, l'érudition de l'archiviste et la dextérité de l'homme d'affaires, sur des questions qui exigeaient toute la générosité, la science, la franchise et l'élévation du philantrope, de l'orateur et de l'homme d'État. Il est impossible aussi, en lisant son argumentation spirituelle, destinée à nous persuader que tout a été pour le mieux dans la perte de nos alliés; il est impossible de ne pas se rappeler le seul exemple que les tems modernes et l'antiquité nous aient fourni d'une aussi étrange résignation.

Les courtisans de Gallien vinrent lui annoncer un jour que le royaume d'Égypte s'était révolté : « Eh bien ! répondit-il, ne saurions-nous vivre sans le linge d'Égypte ? » Lorsqu'on lui apprit la défection des Gaules, il manifesta la même indifférence. « Qu'importe, dit-il, est-ce que l'État ne peut pas subsister sans les longues casaques et sans le drap d'Arras ? » Quand enfin on lui apporta la nouvelle d'immenses désastres qu'un tremblement de terre venait de produire en Asie, et qui coïncidaient avec une invasion des Scythes, il né prononça que ces mots : « Nous nous passerons de salpêtre. »

En vérité, il est trop affligeant que nous ayons pu être ainsi ramenés au souvenir d'un prince tel que Gallien, par le langage d'un représentant de la nation la plus sympathique et la plus généreuse de toutes les nations civilisées.

Du reste, comme les contradictions doivent nécessairement abonder dans la défense des mauvaises causes, il n'est pas étonnant que les avocats du *juste-milieu*, après avoir soutenu d'abord que le ministère avait fait tous ses efforts pour prévenir les malheurs de l'Italie et de la Pologne, après avoir cherché ensuite à atténuer les effets ou à nier même l'influence de ces funestes événemens sur les destinées de la France, il n'est pas étonnant, dis-je, que les avocats du *juste-milieu* aient prétendu aussi qu'on ne pouvait rien faire pour empêcher ce qui s'est passé au pied des Pyrénées, au-delà des Alpes ou sur les bords de la Vistule, par la raison qu'il aurait fallu accepter les chances terribles d'une guerre générale, et que les ministres français ne la redoutaient pas moins que le chancelier de la Grande-Bretagne.

Mais pourquoi, avec cet ardent amour de la paix, n'avoir pas mieux profité des répugnances du cabinet anglais pour la guerre? Le grand Frédéric disait que, *s'il était roi de France, il ne voudrait pas qu'il se tirât un coup de canon en Europe sans sa permission.* Il valait mieux se souvenir de ce mot que de son apologie du partage de la Pologne. Ce qu'il eût fait avec la France seule, on pouvait l'exécuter plus efficacement avec l'appui de l'Angleterre. Et si, malgré cette double intervention, la sainte-alliance avait persisté dans ses desseins hostiles contre les peuples émancipés; si le désir de refaire à tout prix l'unité européenne, selon la légitimité, l'eût emporté sur nos menaces, alors du moins nous n'aurions pas été réduits à une défense solitaire, et nos alliés seraient encore debout....

On a mieux aimé essayer de désarmer les rois et l'aristocratie par un système de concessions et de ménagemens qui n'ont fait qu'enhardir les cabinets et qu'accroître leurs exigences. De quel aveuglement ne fallait-il donc pas être frappé pour se persuader que la *modération* du nouveau gouvernement français pourrait lui faire pardonner son origine révolutionnaire par les représentans du droit divin? Les cortès d'Espagne et le parlement de Naples s'imaginèrent aussi d'être *modérés,* pour conjurer l'orage qui se formait à Laybach et à Vérone; que sont devenus le parlement napolitain et les cortès d'Epagne? De 1820 à 1822, on disait aussi à Madrid qu'avec de la *sagesse* on obtiendrait grâce pour la révolte de l'île de Léon, et que la France, pas plus que le reste de l'Europe, n'attaquerait la constitution de Cadix. Le parti des *anilleros,* qui avait pour chef un écrivain célèbre, Martinez de la Rosa, et qui ne différait de notre parti du *juste-milieu* qu'en ce qu'il avait pris un peu plus de part à la révolution et qu'il n'en était pas à la repousser secrètement et à la maudire, le parti des *anilleros* se croyait sûr des cabinets et garantissait la paix à la Péninsule, à la seule condition de sa présence au timon des affaires. Le roi de France confirmait ces assurances pacifiques, en déclarant solennellement que la malveillance seule pouvait ttribuer à des vues hostiles le cordon sanitaire des Pyrénées. Eh bien ! un an après, les armées du roi de France envahissaient le territoire espagnol, la constitution était anéantie, Riégo écartelé, et les *modérés*, Martinez de la Rosa en tête, se sauvaient à travers l'océan pour chercher un asile en France et en Angleterre, où ils subissent encore aujourd'hui, après huit ans de souffrances, toutes les rigueurs de l'exil.

Malgré des exemples si récens et d'aussi tristes expériences, les professeurs de *modérantisme* persistent à se donner pour les sauveurs obligés du pays. « La première coalition, dit M. Thiers, ne se forma qu'après le 10 août, et jamais l'Europe n'eût songé à nous attaquer si la révolution fût restée dans les limites de la sagesse. » M. Thiers oublie qu'il s'est autrefois chargé lui-même d'établir, par une démonstration en plusieurs volumes, que les excès qui signalèrent et suivirent le 10 août furent amenés précisément par les manœuvres hostiles et la guerre souterraine que les cours étrangères entretenaient contre la France. Le général Lafayette l'en a fait ressouvenir; et ce n'a pas été une chose peu remarquable que de voir le plus illustre adversaire du jacobinisme, en 1792, attester les causes provocatrices de la démagogie de cette époque, et les rappeler au premier historien qui eût osé les reconnaître hautement il y a quelques années, et qui eût poussé l'appréciation courageuse des voies timides et des moyens termes jusqu'à porter cette sentence sévère contre la modération des *girondins :* « Ils ont compromis la révolution, la liberté et la France; ils ont compromis la *modération* même en la défendant avec aigreur. » (*Histoire de la révolution française*, tome IV, page 301.)

Mais, puisqu'on a cité l'histoire de la révolution, pour nous rassurer sur les dispositions des puissances, et pour justifier les espérances de paix que le ministère a fondées sur son système de modération, ne craignons pas de suivre les apologistes du *juste-milieu* sur ce terrain, et peut-être y trouverons-nous la réfutation la plus accablante de leurs sophismes et de leur pusillanimité.

Comme l'a fort bien dit le général Lafayette, dans sa réponse à M. Thiers, qui avait oublié la date de la déclaration de Pilnitz, et qui attribuait la première coalition aux événemens d'août et de septembre 1792, la guerre de l'Europe féodale contre la France commença réellement le jour où elle apprit que ce pays avait juré d'être libre. Néanmoins il y eut alors aussi des ministres qui conseillèrent la *sagesse*, dans l'espoir de ramener les rois, sinon à des vues bienveillantes, du moins à la tolérance en faveur de la révolution française; et comme cette sagesse des Montmorin, des Saint-Priest et des Laluzerne, ne faisait que paralyser le patriotisme, qu'encourager les factieux du dedans et les ennemis du dehors, de vives alarmes éclatèrent bientôt au sein de la nation. De toutes parts on réclama des armes, et ce fut M. Charles de Lameth, aujourd'hui le Nestor des quasi-légitimistes, qui, à la séance du 28 juillet 1790, se chargea d'exprimer à la tribune le vœu général : « Je demande, dit-il, que l'assemblée nationale décrète que les ministres donneront des ordres aux manufactures pour fabriquer des fusils et des baïonnettes. Un très-grand nombre de municipalités sont sans armes. S'il y en avait eu à Montauban le parti patriote n'aurait pas succombé. *J'ai communiqué plusieurs lettres au ministre : tantôt il m'a répondu qu'il ferait tout son possible, tantôt il m'a répondu négativement. Qu'on réfléchisse un peu sur ces circonstances, et on verra qu'on veut nous mettre sur les bras toutes les puissances voisines.* »

Malgré cet utile avertissement, qui renfermait une véritable accusation contre les ministres, le gouvernement de Louis XVI persista dans son système de tiédeur et de temporisation. Les ennemis de l'intérieur en profitèrent pour continuer leurs menées, ceux de l'extérieur pour poursuivre leurs intrigues et achever leurs armemens. Après six mois d'agitation et d'inquiétude toujours croissantes, l'assemblée nationale fut obligée de charger son comité diplomatique de rassurer les esprits sur l'imminence de la guerre; et Mirabeau, qui connaissait aussi la situation de l'Europe, qui avait lu toutes les correspondances des chancelleries,

Mirabeau vint, le 28 janvier 1791, présenter l'agression des puissances étrangères comme tout-à-fait improbable. « Étendez vos regards au-delà de vos frontières, s'écria-t-il, vous n'y trouverez que des voisins qui ont besoin de la paix comme nous, et non des ennemis. »

Certes, des assurances pacifiques, données sous l'autorité du nom et du génie de Mirabeau, ne devaient pas inspirer moins de confiance que celles qui sortent aujourd'hui de la bouche des champions les plus éloquens du ministère. Les événemens ne tardèrent pas néanmoins à parler plus hautement que le Démosthène français, et l'espoir de conserver la paix s'affaiblit de jour en jour. Mirabeau avait regardé la guerre comme impossible dans le premier mois de 1791; le 22 novembre de la même année, un nouveau rapporteur du comité diplomatique, un organe du parti *modéré*, qui tenait alors les rênes du pouvoir, M. Koch, en dépit de tous les symptômes guerriers qui apparaissaient en France et à l'étranger, et sans tenir compte des actes hostiles et des attaques mystérieuses ou patentes de la Prusse et de l'Autriche; M. Koch, bravant la conscience publique, osa prononcer ces paroles remarquables à la tribune de l'assemblée législative : « Déjà, dit-il, les principales puissances de l'Europe repoussent loin d'elles ces projets insensés de contre-révolution, que la rage impuissante des ennemis de la constitution cherche en vain à nous faire redouter. »

Alors aussi des orateurs surgirent qui signalèrent les dangers de la fausse sécurité que l'on s'efforçait d'inspirer à la France. L'un d'eux, M. Daverhoult, dont le langage semble s'adresser à notre époque, cita l'exemple récent de l'asservissement d'un peuple voisin, en punition de la faiblesse et de l'impéritie de ses chefs. « Proscrit en Hollande, dit-il, et sur le point d'y périr sur l'échafaud pour la cause de la liberté, j'y ai vu cette cause sublime perdue en temporisant : c'est pour avoir employé des demi-moyens, c'est pour n'avoir point combattu ses adversaires lorsqu'il en était tems, c'est pour s'être attachée aux effets sans

attaquer les causes , c'est pour avoir attendu que ses ennemis
fussent en mesure de l'écraser, que la Hollande est dans les
chaînes. »

Les modérés de l'assemblée législative se moquèrent beaucoup
des funestes pressentimens du député patriote ; et cependant deux
mois ne s'étaient pas écoulés que Gensonné, au nom du comité
diplomatique, dénonçait au monde la fameuse déclaration de
Pilnitz, et apprenait solennellement à la France que la Prusse
et l'Autriche s'étaient formellement liguées contre elle dès le
27 août 1791, et que ces deux puissances travaillaient par conséquent à renverser le nouvel ordre social , au moment même
où l'un des organes du parti de la modération les présentait comme
repoussant loin d'elles les projets insensés de contre-révolution.

Dira-t-on maintenant que nous ne sommes plus dans les mêmes
circonstances , que les rois et les peuples ont changé, et que la
modération est aujourd'hui plus efficace et plus puissante ? Certes
ce n'est pas moi, qui m'estime si heureux d'avoir trouvé tant de
raisons de croire à la perfectibilité des sociétés humaines; ce n'est
pas moi qui nierai les progrès de la civilisation européenne depuis quarante ans; mais, sans craindre le renouvellement complet
des coalitions royales, des complots aristocratiques et des
excès populaires, qui marquèrent la fin du dix-huitième siècle ,
n'est-il pas sage et raisonnable de prévoir que le conflit des deux
principes du *droit divin* et de la *souveraineté du peuple* amè-
nera tôt ou tard une lutte ouverte qui, si elle doit être moins
longue et moins terrible que la dernière , n'en est pas moins certaine et inévitable ?

La modération des révolutionnaires serait plus puissante qu'autrefois sur l'esprit des princes légitimes ! Mais que nos diplomates
veuillent seulement consentir à nous révéler tout ce qu'ils savent
de l'irritation des cours étrangères contre la France, et l'on verra
si la modération du *juste-milieu* a réellement plus de succès auprès des souverains que celle du parlement napolitain et des
cortès d'Espagne; et l'on comprendra que, si nous ne sommes pas

encore attaqués ouvertement, c'est que, selon l'expression remarquable du général Lafayette, *tandis que la démocratie se montre fougueuse, l'aristocratie sait attendre.*

Mais prendre cette patience de l'aristocratie pour un gage de paix ; mais se flatter d'éviter définitivement la guerre, parce que la sainte-alliance n'a pas été en mesure de nous la faire depuis un an et qu'elle s'est bornée à la préparer sur tous les points ; mais croire que la légitimité peut se contenter d'une application modérée des doctrines révolutionnaires ! c'est s'abuser étrangement ; c'est livrer son pays à une périlleuse sécurité, c'est l'exposer au plus terrible réveil... Qu'importe aux souverains votre prétendue sagesse, si elle est impuissante à calmer l'effervescence populaire, si elle ne fait que développer et qu'aigrir les passions démocratiques dont ils veulent étouffer le germe? Que leur importent vos efforts et vos sacrifices pour le maintien de la paix en Europe, et votre sollicitude pour la conservation de l'ordre public en France, si votre ordre public ne consiste que dans la tranquillité des rues, incessamment troublée et péniblement rétablie ; si votre *modérantisme* n'est qu'une cause permanente d'irritation ; si la paix n'est à leurs yeux que la sanction tacite d'une révolution qu'ils considèrent comme une révolte ; si elle ne les préserve de la propagande libérale, à main armée, que pour les abandonner à la propagande plus active, plus vaste et plus continue du commerce, des arts, des livres et des journaux? Non, non, la paix ne peut pas être la dernière pensée des rois absolus ; et dès lors c'est avoir compromis le salut des peuples libres que d'avoir laissé aux premiers la faculté de rassembler toutes leurs ressources, d'affaiblir celles de leurs ennemis, et de choisir les meilleures conditions de tems et de lieu pour la rupture, en désignant à leur gré l'heure et le théâtre des combats.

« *Vous oubliez que la guerre était impossible*, disent les défenseurs du ministère, appelant à la fois à leur secours la statistique et la géographie, la stratégie et l'histoire; *vous oubliez, que nous n'avions pas d'armée après la révolution de juillet. On a beaucoup parlé des premiers succès des soldats républicains : eh bien! c'est une erreur d'en avoir attribué la gloire aux volontaires. Ce fut la vieille armée française qui vainquit à Fleurus, à Jemmappes et à Valmy. Lisez plutôt les Mémoires du maréchal Saint-Cyr. »*

Ici encore le général Lafayette, contemporain des premiers triomphes du patriotisme français, s'est chargé d'apprendre l'histoire de notre révolution à M. Thiers, qui a pourtant fait un livre fort remarquable sur cette grande époque. Il appartenait au vétéran des *volontaires de la liberté*, dans les deux mondes, de faire respecter et de défendre contre d'injustes attaques les droits qu'ils acquirent en 1792 et 1793 à l'admiration des étrangers et à la reconnaissance de la patrie.

Au reste, il n'est pas non plus exact de dire que nous n'avions pas d'armée après la révolution de juillet. Tout ce qu'on peut accorder au ministère sur ce point, c'est que cette grande commotion avait ébranlé la discipline militaire, porté quelque désordre dans les régimens; c'est qu'il fallait donner le tems au nouveau gouvernement de moraliser, de recruter nos troupes. Mais cette tâche ne demandait que quelques mois, et l'on se rappelle que le maréchal Soult n'attendit pas l'ouverture du printems de 1831 pour déclarer à la tribune que nous étions suffisamment préparés à repousser toute tentative d'invasion. D'ailleurs, si nos mesures étaient incomplètes, la position de nos ennemis ne présentait pas non plus l'aspect formidable qu'elle offre aujourd'hui, même sous le rapport de la force numérique, comme sous celui de la puissance morale de la France et de l'appui qu'elle pouvait espérer des autres peuples. Le retard d'une guerre qu'il faudra bien accepter en définitive ne pouvait donc qu'atténuer nos moyens d'attaque et de défense et que diminuer considérablement nos chances de succès.

Mais pourquoi se réfugier derrière une impossibilité qui n'a été que passagère, et qui même n'a jamais pu exister dans un sens absolu, pour justifier toute une année de concessions, de faiblesses et de sacrifices? Pourquoi fonder, sur cette prétendue impossibilité d'un jour, l'excuse de la longanimité et de la persévérance avec lesquelles on a poursuivi la paix à tout prix, quand il est avéré, quand tout constate qu'on n'a reculé devant la guerre que par la crainte de compromettre le système du *juste-milieu* sur les champs de bataille et de se trouver réduit à abandonner les erremens et les hommes de la restauration? J'examinerai bientôt ce que c'est que ce système, au triomphe duquel on a tout subordonné dans les négociations et les conférences diplomatiques. Mais avant de rechercher quelles améliorations le parti doctrinaire a apportées dans l'administration intérieure du pays, en échange des avantages extérieurs auxquels il nous a fait renoncer, dans l'intérêt de sa propre conservation, je lui demanderai quels ont été, même à l'extérieur, les résultats de sa politique invariablement pacifique, et ce que c'est, après tout, que cette paix au maintien de laquelle il s'est cru obligé de faire céder les considérations les plus puissantes ; cette paix qui nous a coûté l'affection de nos amis et le respect de nos ennemis. Est-il bien vrai que nous jouissions nous-mêmes et que nous ayions fait jouir les autres peuples de ce que nous avons payé si cher? Est-il bien vrai que nous vivions, que le reste de l'Europe vive, dans une douce quiétude, au sein de l'ordre et de la tranquillité?... Oui, la paix règne entre les grandes puissances ; mais l'Italie est occupée par l'Autriche, la Belgique menacée par la Hollande, la Pologne écrasée par la Russie ! Oui, la paix règne en Europe, MAIS COMME L'ORDRE A VARSOVIE ! Oui, l'harmonie diplomatique subsiste entre les cabinets ; et tandis qu'à la faveur de ce calme officiel, les seigneuries, les excellences, les altesses et les majestés peuvent vaquer à leurs plaisirs et s'endormir dans une délicieuse oisiveté, une guerre réelle, profonde, acharnée, déchire les sociétés les plus paisibles en apparence !

Et que me fait cette paix mensongère? vous dira le véritable ami de l'humanité ; que m'importe le repos de vos courtisans et de vos privilégiés, si, pendant que vous vous efforcez de les rassurer, par des protocoles, sur la conservation de leurs douces habitudes, j'entends à mes côtés la partie la plus nombreuse, la plus active et la plus éclairée de toutes les nations protester contre le système que vous appelez *pacifique*, et qui livre les classes laborieuses, le commerçant, le manufacturier, l'agriculteur, l'artiste et le savant à toutes les chances de ruine, d'agitation et de désordre? Que m'importe la bonne intelligence de vos plénipotentiaires, si, dans tous les rangs de la société, il y a discorde, perturbation et souffrance? Que m'importe que les potentats s'accordent à respecter les traités de Vienne et de Paris, si leurs sujets sont divisés d'idées, de sentimens et d'intérêts? Que m'importe que les héritiers de la sainte-alliance s'entendent à Londres sur la délimitation des territoires, si chaque contrée est en proie à l'anarchie, incertaine de l'avenir, accablée sous le présent? Que m'importe que les chancelleries se bercent réciproquement de protestations amicales, si l'on dresse des échafauds à Lisbonne, à Grenade et à Bologne; si Anvers et Bruxelles sont toujours menacées de la flamme et du fer; si la Pologne expire, délaissée ou trahie; si le sang coule dans la capitale et dans les provinces de la France, là sous le couteau du chouan, ici sous le glaive de la police; si partout enfin je ne rencontre que perplexités, déchiremens et misère?

Que m'importe l'harmonie des princes!... Je me trompe : l'indifférence serait ici bien imprudente ou bien coupable. L'accord des potentats place l'Europe dans une situation à peu près semblable à celle dont parle Montesquieu à l'occasion de l'alliance de trois hommes (César, Pompée et Crassus), qui, pour mettre fin à leur rivalité, se partagèrent l'empire du monde. « Rome, dit-il, était en ce malheureux état, *qu'elle était moins accablée par la guerre que par la paix,* qui, en réunissant les vues et les intérêts des principaux, ne faisait plus qu'une tyrannie. »

Oui, les relations amicales entre les puissances doivent intéresser vivement les peuples; mais sera-ce pour y applaudir et pou s'en féliciter ? Je le demande à ceux qui ont profondément réfléchi sur les causes de l'agitation qui tourmente aujourd'hui toutes les sociétés européennes ; à ceux qui savent si l'*ordre* que l'union des diplomates conserve, que le concert des rois raffermit, est autre chose que la consolidation des préjugés et des abus qui pèsent encore sur le monde, autre chose que la permanence des désordres qui naissent du principe féodal, dont l'empire s'étend sur la plus grande partie de l'Europe ; autre chose que la perpétuité des priviléges de l'aristocratie, du *bon plaisir* des rois et de la détresse des peuples.

Après la révolution de juillet, l'homme d'État qui aurait senti toute la portée de cet événement se serait bien gardé de n'y voir que ce qu'on a appelé un *changement de ministres en grand*, et il n'aurait jamais pu supposer ni croire que la France n'eût voulu renverser les Bourbons que pour rétablir *dans sa pureté primitive* le régime bâtard, le constitutionalisme mensonger qu'ils nous avaient imposé, en 1814, de par le *droit divin* et l'étranger. Il eût compris que cette masse d'ouvriers, de prolétaires, soulevés contre des ordonnances qui ne les atteignaient pas d'une manière directe et sensible, n'avaient fait que protester instinctivement, au cri même de *Vive la Charte*, contre l'ordre de choses, contre le système rétrograde, que la Charte et les traités de Vienne et de Paris avaient ramené parmi nous ; il eût compris que la grande nation venait de briser ses liens avec la vieille Europe, et de reprendre son rang à la tête de l'Europe nouvelle. Et prévoyant dès lors que la sainte-alliance entreprendrait tôt ou tard, et n'attendrait que le moment propice, de venger la dernière défaite de l'ancien régime, et de refaire l'unité européenne selon la légitimité, il lui eût commandé de respecter l'indépendance des nations qui se seraient empressées de suivre la France dans la voie du progrès ; et si, en prenant l'attitude dont le mot de Frédéric nous avait révélé la puissance, nous n'avions pu obtenir l'application franche et rigoureuse du principe de non-intervention, l'honneur, la gloire, la générosité et l'intérêt du peuple français l'auraient bientôt entraîné dans la carrière où il opéra tant de prodiges; et quoique à regret, une fois encore la civilisation se serait défendue et aurait triomphé par les armes.

Mais les destinées de la France, au lieu d'être confiées à des hommes d'État, furent remises à un parti dont les chefs, liés à la restauration par une vieille solidarité, ne purent échapper à la fâcheuse influence de leurs antécédens, et furent conduits jusqu'à nier *la révolution de* 1830, pour conserver le plus possible, au dedans et au dehors, *l'œuvre contre-révolutionnaire de* 1814.

Cette intention devint manifeste le jour où l'on désigna pour l'ambassade de Londres l'homme que Briot accusait il y a plus de trente ans, à la tribune du conseil des cinq-cents, d'être la cause de tous les désastres de la patrie, et qui ne s'était lavé depuis de cette accusation qu'en se mettant successivement à la tête de toutes les défections et de toutes les intrigues souterraines contre la république, Napoléon et Charles X. Je ne sais si le roi Louis-Philippe pourra mieux fixer que ses prédécesseurs le dévoûment et la fidélité si mobiles jusqu'ici de M. de Talleyrand; mais la chaleureuse apologie de ce spirituel diplomate par le duc de Wellington peut faire craindre à la royauté de juillet de n'être pas mieux traitée que la république, l'empire et la restauration, par celui que le généralissime de la sainte-alliance s'est empressé de couvrir de sa haute protection.

Malheureusement cette interprétation étroite, cette explication intéressée des événemens de juillet séduisit une grande partie des classes moyennes, qui, par une répugnance bien légitime pour la guerre et l'anarchie, étayèrent un système dont elles n'apercevaient pas bien le caractère rétrograde, à travers leurs préoccupations et leurs frayeurs. Il était beau sans doute, il était consolant d'espérer que, malgré tant de motifs de rupture avec les rois absolus, l'affaiblissement des antipathies nationales et de l'esprit militaire pourrait maintenir la paix générale et constater ainsi les immenses progrès de la civilisation européenne. Mais il fallait se demander si la paix, la véritable paix était possible, si la guerre, tantôt souterraine et tantôt ouverte, ne devait pas être permanente entre le *droit divin* et la *souveraineté du peuple* ; si, par le désir bien louable, mais bien aveugle de se préserver *aujourd'hui* de l'anarchie et de la guerre générale, on n'en rendait pas l'explosion plus certaine et plus terrible pour *demain*. Il fallait se demander si l'on ne sacrifiait pas à la tranquillité d'un jour des années de repos et de prospérité ; si l'on ne faisait pas céder à la peur d'une conflagration instantanée des besoins pressans d'amélioration pour les masses contemporaines et pour les générations qui viendront après elles. Si l'on se fût adressé toutes ces questions, on serait parvenu peut-être, en cherchant à y répondre mûrement et avec bonne foi, on serait parvenu à reconnaître que le peuple de juillet avait sa place marquée à l'avant-garde des nations civilisées, et non à la suite de la royauté et de l'aristocratie féodales. On n'eût pas tant prodigué les concessions et les efforts pour adoucir des ennemis irréconciliables, pour vivre en bonne intelligence avec les défenseurs obligés et inébranlables d'un ordre social dont nous avions précisément mission de délivrer l'Europe. En un mot, loin de nous appliquer à amoindrir les événemens de la *grande semaine*, et de courir au-devant des humiliations pour nous faire maintenir dans la sainte-alliance et pour combler le plus possible avec elle le *vide de Burke*, nous nous serions efforcés d'élargir et d'étendre ce vide, au profit des peuples, par la voie pacifique ou guerrière, suivant les circonstances et la nécessité.

Eh bien ! ce que les ministres de la quasi-restauration n'ont pas pu faire, les ministres de la révolution le feront ; car la révolution, à moins d'être étouffée par son principe contraire, doit finir par avoir ses ministres. Il n'est plus possible que la France reste encore long-tems enlacée dans un système qui, d'un côté, suppose la révolution pour écarter le représentant du *droit divin*, et qui, d'autre part, nie la révolution pour échapper à ses conséquences. Après une année de fausses mesures, de troubles et d'anxiété, le moment approche où il faudra faire une réponse à ce dilemme :

C'est une révolution ou un simple changement de ministres que nous avons eu en 1830. Dans le premier cas, les doctrines et les hommes de la restauration doivent être abandonnés; dans le second, la Charte octroyée règne toujours, la loi a frappé ses infracteurs responsables, et il n'y a de monarque légitime pour la France que Charles X ou Henri V.

Oui, la réponse à ce dilemme va devenir de jour en jour plus pressante. C'est au gouvernement de la faire, car il est seul en position de lui donner une forme pacifique, et de prévenir ainsi la solution violente ou terrible que pourrait avoir le problème politique dont le pays est tourmenté, si l'on attendait imprudemment que le peuple entreprît de le résoudre. Certes le système des hommes du *juste-milieu* n'a pas assez réussi au pouvoir pour qu'il doive tout risquer et tout compromettre plutôt que de s'en séparer. Qu'il considère donc les embarras que ce système lui suscite journellement depuis quatorze mois; qu'il songe à tous les dégoûts dont la diplomatie l'abreuve, à tous les dangers dont l'émeute l'environne; et, fatigué d'une vie laborieuse, éclairé par une pénible expérience, il proclamera hautement que la France, dans les immortelles journées de juillet, a repris son rang suprême parmi les nations, et que, loin de travailler à refaire *l'unité et l'ordre du passé*, selon les désirs de la royauté et de l'aristocratie féodales, elle doit désormais, soit en commandant la paix, soit en acceptant la guerre, servir de guide et d'appui à tous les amis du progrès, former et développer le germe de la sainte-alliance, qu'a si bien pressentie et si admirablement chantée le plus populaire de ses poètes, et fonder hardiment sur la gloire et la sublimité de la dernière révolution L'UNITÉ ET L'ORDRE DE L'AVENIR.

DEUXIÈME PARTIE.

POLITIQUE INTÉRIEURE.

Le drapeau national venait de remplacer le drapeau blanc sur les tours de Notre-Dame et sur le pavillon des Tuileries. Le peuple des barricades était maître de Paris par droit de conquête, et d'héroïques prolétaires veillaient attentivement sur les palais et les comptoirs.

Sous ces vainqueurs en haillons, l'ordre régna véritablement dans la capitale de la France ; néanmoins leur domination, toute admirable qu'elle était par son caractère moral, devait bientôt avoir un terme. Il fallait se hâter d'organiser un gouvernement sur les ruines de celui qu'on venait d'abattre. Tout naturellement l'attention et la confiance publiques se tournèrent vers les hommes qui avaient acquis le plus de renommée par leur opposition au régime déchu. Les combattans de juillet mirent leur victoire en dépôt dans les mains du plus illustre et du plus ancien soldat de la liberté : un grand nombre d'entre eux le pressèrent même vivement d'accepter la présidence d'un gouvernement provisoire, jusqu'à la-constitution définitive du pays par un congrès national. Mais l'ami de Washington crut que l'intérêt de la France et le souvenir d'une longue vie, pure de toute vue ambitieuse, lui commandaient un refus. Il le prononça au milieu des notabilités de tous les rangs, qui s'agitaient auprès de lui, et qui s'échelonnaient, pour s'élever graduellement à l'aide les unes des autres. Dès lors, la pente rétrograde se trouva ainsi établie : le peuple s'était rallié à Lafayette ; Lafayette se confia aux 221 ; les 221 s'offrirent au duc d'Orléans ; le duc d'Orléans se livra aux doctrinaires, et les doctrinaires touchaient à la restauration....

Tout fut logique et nécessaire dans cette série de témoignages et d'actes de confiance. Du moment que Lafayette ne jugea pas utile et convenable de prendre sur lui la responsabilité du gouvernement de la France, et de fonder un nouvel ordre de choses avec des hommes nouveaux, dont son immense réputation eût suffisamment étayé l'obscurité, il fallait s'attendre à tout ce que nous avons vu depuis un an. La nation ne connaissait rien de plus libéral, et n'avait rien de plus populaire que la fameuse opposition, dont la persévérance, en réduisant Charles X aux coups d'état, avait involontairement provoqué l'explosion de juillet. Les doctrinaires, rejetés depuis plusieurs années dans les rangs de cette opposition, par les envahissemens du parti nobiliaire et sacerdotal, y figuraient avec éclat. Leur chef, Royer-Collard, avait été élu sept fois en 1827. Comme on leur supposait des idées étendues, des connaissances profondes, une théorie complète sur l'organisation sociale et sur le mécanisme gouvernemental, ils parvinrent à s'introduire sans obstacle dans les conseils du prince à côté de quelques hommes qui jouissaient d'une faveur plus grande auprès du parti national. Leur avénement au pouvoir devait produire, ainsi que je l'ai dit précédemment, le système du *juste-milieu*, et toute la partie de la nation qui est habituée à faire céder les considérations lointaines ou élevées à des besoins actuels de repos et de tranquillité, devait aussi s'attacher vivement, comme elle l'a fait, à ce système.

Il ne s'agit pas, je le répète, d'imputer à crime aux doctrinaires leur conception de la *quasi-légitimité*. Je crois avoir déjà expliqué comment l'influence de leurs antécédens, les traditions du *canapé*, et le caractère nécessairement étroit de toute politique de coterie, avaient dû les amener, malgré toute l'élévation de leur esprit et toute la profondeur de leurs études, à une appréciation misérable du sublime mouvement de juillet, et leur faire considérer les institutions et les traités de 1814 comme les seules garanties possibles et efficaces de l'ordre public et de la paix. Nous avons vu ce qu'avait été cette paix, poursuivie avec tant d'ardeur par notre diplomatie; il nous reste a examiner ce que c'est aussi que cet *ordre public*, dont les hommes et les doctrines de la restauration devaient nous assurer l'inviolabilité.

Dès le mois d'août, l'ÉMEUTE commença par les ouvriers imprimeurs, c'est-à-dire par les mêmes hommes qui avaient donné le signal du combat contre la gendarmerie et la garde royale. Elle continua en septembre, devint plus effrayante en octobre, fut générale et terrible en décembre, triompha pendant deux jours en février, et n'a cessé depuis d'avoir ses retours presque périodiques et toujours plus menaçans pour les lois et les autorités existantes.

Dira-t-on maintenant que ces désordres permanens, que cette turbulence continuelle, n'appartiennent qu'à une poignée de factieux ? Mais à qui pourra-t-on persuader que, dans un pays comme la France, où la civilisation est si avancée, où le besoin d'ordre et de repos est si général et si pressant, il soit permis à quelques perturbateurs d'ébranler à leur gré la confiance publique, et de plonger incessamment une immense capitale dans les agitations et les alarmes, si la société ne renfermait pas d'ailleurs des causes profondes de malaise et d'irritation ? Que les partis interviennent dans l'*émeute*; qu'ils cherchent à l'entretenir, à la grossir, à l'exploiter, cela est tout-à-fait vraisemblable; mais qu'ils puissent la faire à volonté, indépendamment de toute raison légitime de plainte, de toute disposition morale des masses, de toute participation de l'opinion publique, c'est ce qu'on ne peut admettre quand on a osé voir l'émeute sans prévention, et quand on a réfléchi un peu sur l'origine et la nature des mouvemens populaires.

Cependant le ministère et ses amis ont toujours affecté de n'attribuer les troubles de la capitale qu'à un petit nombre de mécontens, qu'ils ont présentés le plus souvent comme *répu-blicains ;* pour insinuer ensuite que l'opposition parlementaire pouvait bien, par sa tendance démocratique, ne pas être tout-à-fait étrangère aux *émeuteurs.*

L'opposition s'est indignée de cette supposition ; elle a récriminé; elle a renvoyé l'accusation à la police ; elle a fait remarquer, avec raison, par la bouche de M. Mauguin, que l'intervention tumultueuse de la multitude n'avait profité qu'à ceux qui s'en montraient les plus effrayés; et que, toutes les fois que les ministres avaient été vivement interpellés au sein des Chambres, l'émeute, comme un auxiliaire *in extremis*, qui ne leur a jamais manqué, était inopinément survenue, à leur insu sans doute, mais tout-à-fait à propos, pour les tirer d'embarras. Les derniers événemens qui avaient agité Paris en fournissaient un exemple frappant.

Après trois jours de deuil, de consternation, de clameurs et d'excès condamnables, la tranquillité renaissait dans la capitale ; et le lundi 19 septembre, la plupart des journaux annonçaient que la crise violente et si redoutée, dont la nouvelle de la prise de Varsovie avait été la cause et le signal, était enfin apaisée. C'était ce jour-là même que le ministère avait à répondre à la double interpellation de MM. Mauguin et Laurence. Dès le matin, cent tambours battirent le rappel dans tous les quartiers de Paris, et ne contribuèrent pas peu à replonger son immense population dans l'anxiété. Je ne veux point provoquer le soupçon et le blâme sur ces actes de l'autorité. L'état des esprits parut sans doute assez effrayant au ministère pour nécessiter l'appareil militaire qu'il déploya autour de la Chambre des députés, afin de protéger la représentation nationale contre l'influence du dehors. Mais, quelque légitimes que fussent les motifs de cette bruyante convocation de la garde nationale, il n'en est pas moins vrai qu'elle servit à ramener les attroupemens au lieu de les dissiper. En effet, partout où il se présenta des corps armés, les curieux accoururent, des rassemblemens se formèrent, quelques gitateurs purent s'y mêler, la verge de la police et le sabre du soldat intervinrent, il y eut *émeute flagrante*, et le ministère, pressé de rendre compte de sa conduite, répondit, non pas cette fois comme Scipion, en montant au Capitole pour y chercher l'appui de sa gloire, mais en montrant le *Forum* tumultueux, et en descendant jusque dans la rue pour s'y réfugier derrière la gloire des dragons et des sergens de ville.

L'opposition parlementaire, ainsi étourdie, étouffée, vaincue par les clameurs extérieures, avait donc le droit d'exiger du ministère, sauvé par l'émeute, un peu plus de pitié pour sa libératrice, sous peine d'ingratitude. Les derniers troubles, d'ailleurs, avaient eu une origine et un caractère particuliers qui commandaient l'indulgence. Il est incontestable, en effet, que la première explosion des sentimens populaires, à la nouvelle du triomphe des Russes, si elle fut accompagnée de cris et d'actes coupables, si elle frappa ainsi d'épouvante les amis de l'ordre, servira du moins de témoin dans l'histoire, pour faire absoudre la France de toute complicité dans le meurtre de la Pologne; pour décharger notre pays de toute solidarité dans la conduite de ses ministres, et pour attester qu'il y eut dans Paris douleur universelle et profonde, douleur *jusqu'au délire*, quand on apprit que Varsovie était au pouvoir de l'autocrate, et que l'héroïsme des Polonais n'avait fait que prolonger leur agonie! Il est horrible, sans doute, que notre justification devant le tribunal de la postérité s'établisse par des mouvemens séditieux et par des vociférations homicides; il est horrible que le génie de la France, si jamais on l'accuse d'avoir assisté, impassible, à l'assassinat d'un peuple ami, ne puisse se défendre qu'en citant des scènes de désordre et des actes de vandalisme; mais sur qui doit donc tomber la responsabilité de cette apologie déshonorante? qui a conduit la nation la plus civilisée de l'univers à cette extrémité, de ne pouvoir échapper à la honte dont l'avenir accusera sa diplomatie qu'en invoquant des souvenirs de barbarie et de brutalité? Si les hommes qui habitent les hautes régions de la politique eussent fait leur devoir ; si les sentimens fraternels du peuple Français pour la Pologne eussent été dignement exprimés en langage officiel, l'intervention désordonnée d'une multitude furieuse n'aurait pas affligé la capitale , et la douleur publique n'aurait pas été réduite à prendre pour interprètes des orateurs de carrefour.

Mais quand les hommes puissans se taisaient, ou ne donnaient que des larmes stériles au malheur des Polonais ; quand tout était de glace, là où l'on se pique d'urbanité et de mansuétude, il fallait bien, pour l'honneur de la France , que le feu sacré de la sympathie, le bouillonnement des passions généreuses et le sentiment moral de la nation se montrassent quelque part ; et alors, c'est le peuple des rues qui est venu suppléer sous une forme effrayante le silence et la réserve du peuple des salons. Tout en réprouvant ses excès, tout en flérissant l'expression furibonde qu'il a donnée à ses regrets pour ses frères du Nord , il est impossible de ne pas reconnaître que son exaltation tumultueuse aura pour résultat de constater, un jour , combien la population parisienne fut innocente des torts de la diplomatie française, et de faire oublier peut-être qu'un ministre et un député de la nation qui devait le plus à la Pologne, s'attachèrent, l'un à nous rassurer sur le triomphe des Russes, en disant que l'ordre régnait maintenant *à Varsovie !* l'autre à nous consoler de l'extermination de nos plus fidèles alliés, en soutenant qu'une Pologne était impossible, et en justifiant le fameux partage qui scandalisa le monde civilisé à la fin du dix-huitième siècle...

Non , l'émeute parisienne, quelque parti que la police et les factions aient voulu en tirer, n'a jamais éclaté sans avoir sa cause réelle dans le malaise général de la population, dans le froissement des opinions et des sympathies des uns, dans la misère et le désespoir des autres. Il vaut mieux reconnaître toute l'étendue et toute la profondeur de la plaie, pour s'occuper efficacement de la guérir, que de chercher à s'étourdir sur des dangers manifestes, en fermant obstinément les yeux. Hé bien , il est tellement vrai,

(35)

ellement évident que l'agitation perpétuelle de la capitale tient
des souffrances morales et matérielles dans les classes les plus
nombreuses de la société, que cette agitation s'est montrée depuis
un an sur tous les points de la France. Le peuple des villes et des
campagnes, l'homme du nord et du midi, se sont levés et se
lèvent à la fois aujourd'hui pour menacer ou violer *l'ordre légal*,
que beaucoup de gens avaient pris pour le dernier terme du
perfectionnement social. Au milieu de tant de symptômes de
détresse, de tant de témoignages sinistres de l'insuffisance de
la loi et des vices de notre organisation actuelle ; au milieu des
révoltes royalistes de l'ouest et des séditions démocratiques de
Toulouse, de Perpignan et de Grenoble ; à la lueur des incen-
dies qui consument les registres et les bureaux des octrois, des
droits réunis et des douanes, en présence et avec la *coopération*
même des gardes nationaux, dans la plupart des villes du
Languedoc, de la Provence, de l'Auvergne, de l'Alsace, qui
oserait dire encore que les embarras du pouvoir et l'inquiétude des
citoyens ne proviennent que d'*une poignée d'agitateurs que l'ordre et le calme désespèrent ?*

Les partis se mêlent sans doute à ces actes de désordre, à
ces scènes déplorables ; mais pourquoi le gouvernement laisse-t-
il aux partis un auxiliaire aussi puissant que la misère publique ?
Pourquoi ne s'empresse-t-il pas de leur enlever l'appui du mé-
contentement universel, et de leur arracher le drapeau de la réforme, en le déployant lui-même sur les masses populaires,
qu'une législation abusive et le besoin pressant d'amélioration
poussent aux plus graves excès ? Il y a un moyen sûr de rendre
vains et solitaires les efforts des factieux, c'est de ne pas donner
prétexte à la sédition, de ne pas fournir un aliment à la révolte,
en repoussant des vœux légitimes, en méconnaissant des besoins
impérieux. A défaut de sentiment d'ordre et de dispositions
pacifiques, les fauteurs de troubles ont assez du moins de cette
sagesse qui consiste à calculer les chances favorables ou funestes
d'une entreprise, pour ne pas tenter de soulever une nation libre

et prospère, une nation pleinement satisfaite de ses institutions et de ses chefs. Là donc où la perturbation se manifeste, où l'insurrection éclate, il y a évidemment lieu d'accuser les vices de la loi ou les fautes du pouvoir, l'impuissance de la constitution ou l'impéritie de l'autorité.

Que le gouvernement réprime le désordre par la police et la force militaire, qu'il défende la tranquillité publique contre les agitateurs, rien de mieux : on ne peut qu'applaudir à sa sollicitude et à sa vigilance. Mais cette tâche indispensable et salutaire une fois remplie, qu'il s'occupe aussi de prévenir les excès dont il ne peut le plus souvent arrêter le cours que par d'autres excès, que par un recours extrême à de sanglantes mesures ; qu'il voie dans les cris des agitateurs et dans les explosions du désespoir, d'utiles avertissemens, et qu'il ne dédaigne pas d'en profiter pour faire cesser la cause première des troubles, en portant un prompt remède aux maux qui affligent le corps social, et en fondant ainsi la sécurité des citoyens, non plus sur l'application homicide d'une loi martiale, mais sur la satisfaction des intérêts généraux, sur le redressement des griefs, la réforme des abus et le bonheur du peuple.

Les hommes d'état qui ont gouverné la France, depuis la révolution de juillet, soit par une action directe, soit par la seule influence de leurs conseils, ont-ils agi avec cette prudence ? ont-ils compris les avis désordonnés de la multitude ? ont-ils manifesté une parfaite intelligence de la situation des classes laborieuses ? se sont-ils montrés pénétrés de la nécessité qui pesait sur eux, des devoirs qui leur étaient imposés ? Je ne puis le penser..........

Une dynastie qui avait pour elle l'appui de la tradition politique et religieuse et le prestige de notre antique gloire, venait de disparaître devant l'indignation, la colère, la vengeance, la justice du peuple. A ce terrible, mais admirable spectacle d'une chute immense ; à l'aspect d'une nation, jadis idolâtre de ses rois, et brisant aujourd'hui, comme un jouet d'enfant, le sceptre redoutable qu'avaient porté Charlemagne, saint Louis, Henri IV et Louis XIV, fallait-il avoir beaucoup médité sur les causes de la grandeur et de la décadence des empires pour sentir que ce divorce éclatant de la France avec un trône lié à ses destinées pendant quatorze siècles ne pouvait s'accomplir sans entraîner de vastes changemens dans les anciennes relations des diverses classes de la société, sans amener de grandes améliorations dans le sort d'une nation justement rebelle et définitivement victorieuse?

La révolution de 1789 avait délivré le tiers-état des immunités, des priviléges et de toutes les distinctions aristocratiques dont le moyen âge avait doté le clergé et la noblesse. L'universalité de l'impôt, l'abolition des ordres, l'unité du corps social, l'égalité devant la loi, furent alors les conquêtes importantes qui signalèrent la première catastrophe de la race des Bourbons. Lorsque, après vingt-cinq ans d'exil et quinze années de restauration, cette famille malheureuse était rejetée une dernière fois sur la terre étrangère, devait-on croire qu'un événement de cette nature resterait sans conséquence pour ceux qui l'avaient consommé? Devait-on croire que le peuple serait censé avoir combattu sans intérêt, et ne s'être levé contre la branche aînée des Capétiens que pour défendre l'intégrité de l'ordre social qu'elle nous avait fait subir depuis 1814, avec l'aide et le concours de la sainte-alliance? C'était à la partie la plus nombreuse, la plus active et la plus éclairée de la nation qu'était due la révolution de 1830. Ces innombrables prolétaires qui triomphèrent des Suisses appartenaient à la classe ouvrière ou à la jeunesse qui est disséminée dans toutes les carrières utiles et dans les professions libérales. Il fallait donc reconnaître qu'il manquait quelque chose à ces hommes énergiques, à ces masses d'ouvriers et d'étudians, pour qu'ils se fussent ainsi rencontrés sur la place publique en face de la mitraille, pour qu'ils eussent renversé de concert le trône de Charles X, après l'avoir miné pendant long-temps par les conspirations et les émeutes. Les fameuses ordonnances ne touchaient directement que les électeurs et les éligibles , que les journalistes et leurs abonnés. Les classes inférieures semblaient tout-à-fait étrangères au coup d'état , et c'est cette apparence qui rendit si téméraire et qui précipita dans l'abîme le dernier ministère de la restauration. On croyait fermement à la cour *que le peuple avait donné sa démission*, et qu'il resterait impassible jusqu'au bout en présence des querelles de la bourgeoisie avec l'antique noblesse et le vieux sacerdoce. Quelques feuilles de l'opposition constitutionnelle avaient elles-mêmes accrédité cette opinion. Sous le ministère de M. de Martignac, le *Journal des Débats*, alors, comme aujourd'hui, organe officiel de la classe bourgeoise qui essaie d'élever une nouvelle aristocratie sur les débris de l'ancienne , et de substituer l'influence de la fortune héréditaire au crédit et à la considération du patriciat ; le *Journal des Débats* s'exprima avec une naïveté bien remarquable pour démontrer combien le peuple était désintéressé dans les questions politiques qui ne sortaient pas du cercle tracé par la Charte , et pour laisser ainsi à la bourgeoisie seule le soin et le droit de les résoudre : « Fortifiez, disait-il, le salutaire ascendant de la bourgeoisie, toujours amie du repos et de l'ordre ; car, après tout, qui souffre de la loi d'aînesse? la bourgeoisie qui a quelque chose à partager entre ses enfans, et non le petit peuple qui n'a rien. Qui se ruine au 3 p. 100? la bourgeoisie. Qui s'indigne de la censure? la bourgeoisie, qui aime à lire et à penser librement, et non le petit peuple qui n'a que le temps de travailler afin de gagner sa vie. »

Si donc le petit peuple, qui ne forme pas moins des neuf dixièmes de la nation, ainsi dédaigné, ainsi placé en dehors de la loi politique par la restauration, a pris sur lui, sur lui seul, de chasser les princes qui lui avaient imposé un régime qui l'excluait de toute participation aux affaires publiques, et qui l'abandonnait à sa laborieuse misère, comment pourrait-on penser qu'il n'est sorti généreusement de l'indifférence humiliante à laquelle on le condamnait que pour continuer de vivre sous le poids des mêmes exclusions, des mêmes charges et de la même misère ? Non, le peuple, dont la voix est bien réellement celle de Dieu quand il manifeste un désir de progrès, quand il sape les préjugés, résiste au génie du retardement et punit le parjure, non le peuple n'a pas pu travailler en vain dans la grande semaine. Si son œuvre sublime n'a pas encore reçu sa récompense, c'est que tout son héroïsme n'a servi jusqu'ici qu'à faire passer le pouvoir aux hommes mêmes qui, en 1827, affectaient de ne le compter pour rien dans l'ordre politique, et qui depuis n'ont accueilli sa victoire que pour l'étouffer.

Ces hommes, je le répète, ne pouvaient pas agir autrement qu'ils n'ont fait, sans renier leurs antécédens, sans démentir toute leur histoire, sans abdiquer leur personnalité politique ; et comme de pareils sacrifices sont rares, il fallait se rappeler le mot de Napoléon : *Les blancs sont toujours blancs*, et ne pas trop espérer que les métaphysiciens royalistes du canapé pussent jamais donner l'exemple d'une héroïque et sublime inconséquence, en abjurant tout à coup leurs vieilles affections et leurs anciennes théories, pour se convertir à la souveraineté du peuple, dont la résurrection triomphale venait de renverser leur propre ouvrage. Il était dans leur destinée d'être les *exécuteurs testamentaires* de la *légitimité*, et non pas les *tuteurs* de la *révolution*. Ils ont très-bien compris et rempli leur rôle : la France aurait dû s'y attendre, et ne pas leur abandonner si long-temps la scène pour leur laisser jouer une mauvaise parodie de la restauration. Il est beau sans doute de pardonner à ses ennemis après la victoire ; mais il n'est ni sage ni prudent de leur livrer son épée et de se remettre entre leurs mains. César, l'homme du peuple, non content d'avoir usé de clémence envers les superbes patriciens qu'il avait vaincus à Pharsale, se flatta de les attacher franchement à sa cause en les comblant de bienfaits et en leur rouvrant les portes du sénat ; et ce fut au milieu du sénat que l'implacable noblesse lui témoigna sa reconnaissance par vingt-trois coups de poignard. La liberté, après son triomphe des *barricades*, a un peu trop imité César ; et ses ennemis, quelque bizarre que puisse paraître à certains égards ce parallèle, ont aussi fait les Brutus, sinon par l'austérité des mœurs et du patriotisme, du moins par l'ingratitude et la ténacité aristocratique.

Mais si les auteurs de la restauration de 1814 n'ont fait que rester fidèles à leurs doctrines et à leurs affections politiques, en s'appliquant à amoindrir le plus possible les événemens de juillet, il n'en a pas été ainsi de quelques-uns de leurs auxiliaires. On a vu de jeunes hommes, après s'être fait une certaine réputation dans les rangs du libéralisme, par des discours ou par des livres qui renfermaient l'adhésion la plus complète aux principes de la révolution ; on les a vus rougir soudainement de leur admiration pour les démolisseurs gigantesques de l'Assemblée constituante et de la Convention, et s'efforcer d'obtenir grâce, dans les salons de l'aristocratie, pour la hardiesse et la générosité de leurs premières opinions, en déposant sans regret le télescope de l'histoire pour prendre le microscope des coteries.

Les *quasi-légitimistes* se sont beaucoup applaudis de cette défection, qui leur promettait l'appui de quelques renommées naissantes, de quelques talens déjà très-distingués. Ils en ont tiré, en effet, d'abondans secours à la tribune ; car depuis l'insaisissable et inépuisable M. Pasquier, nul ministère n'avait trouvé, dans ses dociles phalanges, tant de ressources en esprit, en érudition et en paroles. Cependant qu'a produit, en définitive, cette dépense prodigieuse de sophismes assaisonnés d'épigrammes ? Où sont les fruits de cette prodigalité de sarcasmes et de citations historiques ? Que reste-t-il des sentences solennelles de l'orgueilleuse métaphysique et des saillies triviales de la faconde parlementaire ? Les embarras du pouvoir sont-ils moins grands, les alarmes des citoyens moins vives, les souffrances du peuple moins profondes ? Non, sans doute ; toute la subtilité oratoire des professeurs d'optimisme, qui ont voulu nous montrer l'Europe et la France par la lucarne ministérielle, comme ces courtisans de l'ancien régime, qui ne savaient rien voir qu'à travers l'œil-de-bœuf de Versailles ; toute leur subtilité oratoire n'a pas plus trompé le bon sens national sur l'intensité des maux qui affligent ou menacent notre pays, que sur les résultats désastreux du silence et de l'inaction de notre gouvernement à l'égard de l'Italie et de la Pologne. Les faits ne perdent pas leur caractère, et l'histoire du présent, pas plus que celle du passé, ne se dépouille de sa gravité pour prendre des formes mesquines, parce que cette métamorphose pourrait convenir à des hommes d'esprit, qui, après avoir dédaigné une place lointaine dans l'estime de la postérité, pour jouir de la faveur immédiate de l'opulence et de la grandeur contemporaines, se trouveraient heureux de réduire le grand drame du développement progressif de l'humanité aux petites proportions du monde qu'ils font mouvoir, afin de n'être pas accablés par la comparaison, et de rester toujours d'importans personnages.

Le monde ne change pas, dit-on, *il ne fait que se modifier*. Pitoyable jeu de mots ! qui, sous un hommage hypocrite à la loi du progrès, qu'on veut bien appeler la plus *noble croyance des temps modernes*, cache un véritable outrage à la majesté de la pensée divine, qui se déploie d'âge en âge dans les conceptions toujours plus larges et plus élevées de la raison humaine. Et pourquoi cet outrage ? Parce que le souvenir des révolutions embarrasse et importune les partisans idolâtres du *statu quo*; parce qu'en rapetissant les magnifiques évolutions de l'esprit humain dans le *passé*, on se flatte d'atténuer l'importance et la nécessité des améliorations que le *présent* réclame.

Luther et Bacon, Descartes et Newton, consolez-vous, si, du sein de la postérité reconnaissante, s'élèvent quelques ingrats qui voudraient effacer les traces glorieuses et profondes de votre passage sur la terre, en prétendant qu'il n'en reste plus rien *que l'indépendance de quelques cours d'Allemagne, que la saisie de quelques biens d'église, que des discussions un peu plus libres dans les croyances, qu'une observation un peu plus exacte de la nature, que des modifications* qui n'ont pas empêché le monde

d'*aller comme auparavant.* Consolez-vous, cette négation audacieuse de votre influence sur la marche ascendante de l'esprit
humain, de la rénovation immense dont vous avez donné le signal dans le domaine de l'intelligence, et par conséquent dans
celui de la politique; cette négation impie trouvera peu d'échos
chez les nations civilisées de l'Europe, et sera considérée comme
un blasphème partout où le progrès inspirera une foi vive et
sincère !

Consolez-vous aussi, philosophes et tribuns du dix-huitième
siècle, si l'énormité de vos travaux et l'immensité de votre gloire
sont méconnues à la tribune même dont vous avez préparé les
matériaux et jeté les fondemens. Consolez-vous : ceux qui nient
votre œuvre colossale ont pris à tâche de tout rétrécir. Il entre
dans leurs petits arrangemens de réduire les plus grandes réformes
à de petites proportions : à les entendre, les siècles les plus fameux n'ont eu que de folles prétentions quand ils ont cru faire
du nouveau, et peu s'en faut qu'ils n'en viennent à parler des
sublimes monumens de la perfectibilité humaine comme de
l'enfantement ridicule de la *montagne* de la fable. Une espèce de
monomanie déprimante s'est emparée d'eux ; on dirait qu'ils ont
mission de désenchanter le monde sur la grandeur des événemens et
sur l'illustration des hommes. Remplacer la généreuse inspiration
du poète et la haute raison du philosophe par le calcul du bureaucrate, substituer le parlage à l'éloquence, l'érudition à la science,
et l'adresse à l'habileté ; mettre la familiarité de la présomption
au-dessus de la noblesse de l'assurance, préférer le commérage
à la solennité dans les conseils des nations, prétendre que la supériorité des modernes sur les anciens repose avant tout sur la transformation décroissante du théâtre de la démocratie, et se féliciter
de ce que le *Forum* des Gracques n'est plus aujourd'hui qu'un *salon
d'honnêtes gens :* voilà la mesure de leur intelligence politique et
de leur foi au progrès ! Pitié donc, mille fois pitié pour qui s'ef-
force ainsi d'étouffer le génie de l'avancement dans des bras de
pygmée par de perfides étreintes ! Pitié pour qui ne voit qu'un

modificateur dans Mirabeau, qu'un *Don Quichotte* dans le comité de salut public, qu'un *dévastateur* dans Napoléon! Pitié pour qui se démène misérablement devant les géans de l'histoire, et s'évertue à les faire descendre à son niveau, afin de pouvoir les insulter face à face!

Un jour aussi, sous la restauration, des paroles de dédain tombèrent de la tribune française sur la mémoire de quelques grands hommes de l'antiquité : c'était le temps où la sainte-alliance tenait garnison à Paris, où les débris de Coblentz et de la Vendée formaient la majorité de notre représentation nationale. On vit alors un marquis de Montcalm, rempli de terreur au souvenir des triomphes de l'éloquence, ne trouver rien de mieux à dire, pour prémunir ses collègues contre la puissance séductrice de la parole, que d'accuser Cicéron et Démosthènes *d'avoir fait plus de mal que de bien à leur pays*. On se souvient qu'un ministre, dont la voix entraînante n'avait pas peu contribué aux alarmes du noble député, lui reprocha d'avoir voulu ravir à l'homme ses plus belles illusions, et lui demanda plus de respect pour les orateurs immortels dont un chancelier de France avait dit que la nature s'était reposée long-tems après les avoir montrés au monde.

Démosthènes et Cicéron, si dignement vengés du marquis de Montcalm, par l'éloquent héritier des orateurs de la *Gironde*, étaient loin cependant d'avoir rendu à la cause du progrès des services aussi éminens que ceux de Mirabeau et de ses successeurs. Démosthènes défendait le *statu quo* dans une démocratie rétrograde; Cicéron faisait du *juste milieu* à Rome, après la défaite de l'aristocratie qui avait d'ailleurs toutes ses affections. Si donc nous sommes blessés en voyant outrager la gloire que le talent seul a conquise, comment pourrions-nous ne pas protester énergiquement contre des insinuations qui ont pour but de ternir l'éclat des illustrations les plus populaires en contestant l'immensité de leur influence sur la marche de la civilisation?

« Les hommes célèbres du dix-huitième siècle, dites-vous, avaient annoncé *qu'il n'y aurait bientôt plus ni nobles ni rois*, et nous avons toujours des rois et des nobles ; ils avaient annoncé que la royauté et l'aristocratie seraient un jour *errantes le long des républiques*, et l'aristocratie et la royauté sont toujours debout! » ce qui vous enhardit à égayer les représentans de la France aux dépens des malencontreux prophètes qui firent cette téméraire prédiction.

Mais nos philosophes et nos tribuns se sont-ils tellement trompés que votre raillerie puisse les atteindre? Où sont les nobles et les rois dont il présagèrent la chute? montrez-nous l'aristocratie et la royauté dont ils célébrèrent d'avance les funérailles. Publicistes d'antichambres, orateurs de salon, qui osez rire de ces colosses d'intelligence et de renommée, relisez donc les pages que le génie de l'histoire vous dicta autrefois par méprise. Allez méditer dans la solitude de Versailles, aux environs du *Jeu-de-Paume*, sur les ruines de la Bastille, là où s'élevèrent les tentes de Condé, autour du monument de Quiberon, à la place de la Concorde, et riez ensuite, si vous en avez le courage, des folles prédictions du dix-huitième siècle! Et si ce lugubre tableau du long enterrement des nobles et des rois impitoyablement condamnés par vos devanciers ne suffit pas pour vous faire prendre au sérieux les prophéties démocratiques de la philosophie et de la tribune, voyez ce que nous-mêmes, hommes du dix-neuvième siècle, nous avons fait de cette royauté et de cette aristocratie qui vous paraissent avoir survécu aux prévisions de nos pères, pour les démentir, et pour vous fournir un vaste sujet de moquerie. Le génie lui-même, roi de notre choix, est tombé du trône, quand nous n'avons plus voulu l'y soutenir; et la légitimité, protégée par une ligue redoutable, a cessé de régner sur nous, quand il nous a paru que son heure était venue. La souveraineté du peuple et le droit divin ne nous ont donné tour à tour que des magistrats révocables, qui n'avaient, des rois, que le nom, et qui, aux yeux de la France, ne faisaient plus qu'appliquer des sobriquets à leurs courtisans quand ils croyaient faire des nobles. Railleurs des philosophes et des tribuns, consolateurs des nobles et des rois, songez-donc à Sainte-Hélène et à Holyrood, avant de taxer de ridicule le présage de tant de catastrophes accomplies ! Songez que, si la noblesse et la royauté féodale ne sont pas *errantes le long des républiques* (1), elles promènent leur nullité ou proclament leurs périls le long des révolutions !

Et que faites-vous autre chose tous les jours que constater vous-mêmes la réalisation des prophéties du dix-huitième siècle, lorsque vous signalez avec effroi l'envahissement des idées républicaines, l'impopularité de l'aristocratie et la faiblesse du pouvoir royal? C'est vous ou les vôtres qui vous êtes écriés, il y a long-temps, que *la démocratie coulait à pleins bords* (2)! c'est à vos côtés qu'on a dit que *les rois s'en allaient* (3)! c'est la voix de vos oracles qui a flétri du titre d'*esclave* (4) le trône où s'assirent Louis XIV et Napoléon ! Ces cris d'alarme, sortis de votre bouche, ne renferment-ils pas la justification la plus éclatante des prévisions qui vous ont semblé si singulières et si risibles?

Ainsi donc, ni les philosophes, ni les tribuns du dernier siècle ne se sont trompés, quand ils ont signalé ou qu'ils ont cru accomplir une grande révolution. Ainsi, l'on ne s'abuse pas aujourd'hui sur le caractère des événemens de juillet et sur l'étendue de la perfectibilité humaine, en réclamant et en présageant comme prochaines de vastes améliorations. S'il est donné au monde de se modifier lentement, il est aussi dans sa destinée d'opérer par intervalles d'immenses réformes, qui résument en une heure les progrès de plusieurs siècles, par la consécration politique de nouveaux principes qui changent tout à coup l'existence et la condition sociale d'un peuple. C'était une de ces réformes extraordinaires que Turgot et Necker voulurent tenter par l'abolition des immunités nobiliaires et ecclésiastiques, par l'établissement de l'égalité proportionnelle de l'impôt territorial,

---

(1) Voir les discours et la brochure de M. Thiers, le plus abondant et le plus infatigable des apologistes de la *quasi-restauration*.

(2) M. de Serre.

(3) Laîné.

(4) M. Dupin.

par la suppression des corvées, des gabelles, des jurandes et des maîtrises; et c'est parce que le clergé et la noblesse comprirent bien qu'il ne s'agissait pas d'une simple *modification*, mais d'une rénovation complète, qu'ils s'obstinèrent à repousser les plans des ministres populaires. Qu'arriva-t-il cependant? en faisant écarter, du timon des affaires, l'homme d'état dont Malesherbes a dit qu'*il avait la tête de Bacon et le cœur de l'Hospital*, les ordres privilégiés n'échappèrent à une révolution pacifique que pour tomber dans une révolution sanglante. Ils n'avaient pas voulu de Turgot et de Necker, et ils subirent Mirabeau et Robespierre. Toutes les modifications graduelles dont le régime féodal avait été l'objet depuis Philippe-Auguste et saint Louis ne purent empêcher l'immense explosion qui, dans la nuit du 4 août, ruina soudainement et de fond en comble un édifice que les rois et le peuple avaient miné lentement de concert pendant toute la durée de la troisième race! et, chose remarquable! les ordres privilégiés entraînèrent dans leur chute la dynastie même qui l'avait préparée!

Alors aussi les penseurs de l'aristocratie, disciples de Boulainvilliers, accusèrent d'imprudence et de légèreté les ministres qui avaient cru possible d'atténuer la puissance des premiers ordres sans compromettre l'existence de la royauté féodale elle-même. Alors l'abbé Maury et le comte de Montlosier, qui avaient gémi de toutes les concessions faites au tiers-état, et qui sentaient toute la portée des principes philosophiques qu'on invoquait contre les prérogatives de la noblesse et du clergé, purent se croire et furent réellement des politiques plus profonds que les courtisans et les hommes d'état qui avaient applaudi ou participé au mouvement libéral du dix-huitième siècle, sans en prévoir les conséquences. Mais leur *profondeur* n'était pas autre pourtant que celle de Caton prédisant que la ruine du patriciat entraînerait celle de la république; et, il faut bien le reconnaître, la véritable prévoyance, aux temps voisins de Pharsale comme aux approches de l'émigration, ne consistait pas à comprendre et à proclamer la liaison intime et la communauté d'existence de l'aristocratie et du vieil ordre social, mais à sentir la nécessité d'un ordre nouveau et à marcher hardiment sous l'empire de cette conviction. Ainsi, quelle que fût la supériorité de Caton sur les sénateurs imprudens qui acceptaient ou favorisaient les innovations tribunitiennes sans y voir un symptôme de décadence et de mort pour l'ancien système républicain, on peut dire avec assurance que Marius et César, indépendamment de leurs vues ambitieuses, manifestèrent une intelligence bien plus profonde encore de l'impulsion et des besoins de leur époque, en se mettant à la tête du parti populaire, contre une aristocratie inflexible dont les prétentions surannées ne faisaient que gêner le développement de la société romaine. Ainsi Maury et Cazalès, tout en s'élevant au-dessus des Montmorency et des d'Aiguillon par le sentiment des atteintes mortelles que l'ancienne monarchie française reçut dans la nuit du 4 août, n'en furent pas moins inférieurs à Turgot, à Necker et à Mirabeau, qui, au lieu de s'arrêter aux périls d'une institution antique, allèrent audacieusement à la recherche des institutions nouvelles que l'état moral et matériel de la nation réclamait impérieusement. Ainsi les publicistes qui, dans la discussion parlementaire sur le pouvoir modérateur, ont soutenu que l'abolition de l'hérédité anéantissait la pairie et conduisait à l'attaque des autres droits que la loi civile attribue à la naissance, ainsi les métaphysiciens de la quasi-restauration étaient fondés à revendiquer la *profondeur philosophique* vis-à-vis de ceux de leurs collègues qui, dévoués comme eux au maintien du *statu quo*, se sont néanmoins laissés entraîner à voter contre l'hérédité: mais la véritable profondeur, aujourd'hui comme au déclin de la république romaine et de la monarchie féodale, consiste moins dans l'appréciation des rapports intimes qui lient et rattachent les divers élémens de l'ordre ancien, que dans le pressentiment de l'ordre nouveau, dont la nécessité et l'urgence éclatent de toutes parts; c'est-à-dire qu'il fallait beaucoup moins de portée dans l'intelligence et d'élévation dans l'esprit pour découvrir que la pairie ne pouvait exister sans hérédité, que pour reconnaître l'incompatibilité croissante de toute espèce de privilége avec les mœurs et les idées actuelles du peuple Français.

En vérité, le journal officiel des doctrinaires s'abuse étrangement sur l'autorité de ses jugemens, s'il pense que la France puisse croire, sans autre garantie, à la *philosophie profonde* des ministres et des députés, qui font, de *l'impopularité*, une preuve de sagesse et une condition d'existence pour les gouvernemens (1); qui proscrivent les *théories* et les *passions*, (2) c'est-à-dire l'enchaînement des idées et la chaleur des sentimens, pour vivre misérablement au jour le jour, sans autre appui que l'empirisme le plus étroit, sans autre guide que la plus aveugle routine; et qui s'efforcent enfin d'étouffer la démocratie dans la loi, après avoir déclaré qu'ils avaient rendu grâces à Dieu de la voir couler à pleins bords dans la société! (3)

Avec une pareille philosophie, on se trouve réduit à offrir au dix-neuvième siècle l'exemple du sénat romain, ou la raison souveraine de Platon (4). Avec une pareille science, on sait mal ce qui fut, plus mal ce qui est, et l'on ne sait rien de ce qui doit être! avec une pareille profondeur l'on va droit à Utique ou à Gand, et l'on place inévitablement son pays sous le glaive d'un despote ou sous la massue populaire!

Mais quel est donc l'*ordre nouveau* qu'une philosophie vraiment profonde puisse découvrir et signaler? Quelle est la révolution, la réforme nouvelle, que le vœu des nations les plus avancées doive provoquer, après tant de réformes et de révolutions qui ont changé si souvent la face du monde et bouleversé les empires!

Certes, j'ai fait une profession assez solennelle et assez fréquente de mes opinions et de mes croyances, pour que l'on puisse déjà pressentir ma réponse à cette double question. Oui, persuadé plus que jamais de la vérité de la doctrine qui donne le

---

(1) M. Guizot.
(2) *Idem.*
(3) Discours de M. Royer-Collard sur la pairie.
(4) *Idem.*

progrès pour principe et pour base à ses préceptes et à ses prati-
ques, j'ai l'intime conviction que les priviléges de la naissance
seront un jour abolis sans exception, et que la société pourra
réaliser pacifiquement, dans l'ordre héréditaire, la pensée hardie
et féconde qui s'offrit à Pascal (1), à Montesquieu (2), et à
Mirabeau (3), comme un épisode prophétique au milieu de leurs

---

(1) « Vous tenez vos richesses de vos ancêtres, disait Pascal à un fils de duc;
mais n'est-ce pas par mille *hasards* que vos ancêtres les ont acquises et qu'ils
vous les ont conservées? Vous imaginez-vous aussi que ce soit par quelques *lois
naturelles* que ces biens ont passé de vos ancêtres à vous? *cela n'est pas véritable.* Cet ordre n'est fondé que sur la volonté des législateurs, qui ont pu avoir
de bonnes raisons pour l'établir, mais dont aucune certainement n'est prise d'un
droit que vous avez sur ces choses.» Ce passage est extrait des *Essais* de Nicole,
tome II.

(2) « Justinien, dit Montesquieu, appelle barbare le droit de succéder des
mâles au préjudice des filles. Ces idées sont venues de ce qu'on a regardé le droit
des enfans de succéder à leurs pères comme une conséquence de la loi naturelle,
ce qui n'est pas.

« Il est vrai que l'ordre politique ou civil demande souvent que les enfans suc-
cèdent aux pères; mais il ne l'exige pas toujours. »

« La loi naturelle ordonne aux pères de nourrir leurs enfans; mais elle ne
les oblige pas de les faire *héritiers.* (*Esprit des lois*; liv. XXVI, chap. VI.)

(3) « Vous avez commencé par détruire la féodalité, disait Mirabeau, vous la
poursuivez aujourd'hui dans ses effets, vous allez comprendre dans vos réformes
ces lois injustes que nos coutumes ont introduites dans les successions........ Ceux
qui ont traité cette matière ont pu se méprendre sur le fondement et le caractère
d'un système aussi général. Ce qui est universellement adopté peut être regardé
aisément comme un principe pris dans la nature; des erreurs bien plus grossières
ont échappé à la philosophie des légistes...... Il n'est aucune partie du sol, aucune production spontanée de la terre, qu'un homme ait pu s'approprier à
l'exclusion d'un autre homme; ce n'est que sur son propre individu, ce n'est que
sur le travail de ses mains, sur la cabane qu'il a construite, sur l'animal qu'il a
abattu, sur le terrain qu'il a cultivé, *ou plutôt sur la culture, même sur le produit,* que l'homme de la nature peut avoir un vrai privilége.... Dès le moment
qu'il a recueilli le *fruit de son travail*, LE FONDS sur lequel il a déployé son industrie retourne au DOMAINE, et revient commun à tous les hommes. Voilà ce que
nous enseignent les premiers principes des choses... Nous pouvons donc regarder
le droit de propriété comme une *création sociale.* Je pense que les droits de
l'homme sur sa propriété ne peuvent s'étendre au-delà du terme de son existence »

vastes études, de leurs immenses travaux et de leurs profondes méditations ; la pensée que Saint-Simon a précisée, que ses disciples ont développée, et qui va devenir de plus en plus populaire. Mais quelle que soit ma foi dans l'avenir que les philosophes les plus illustres des derniers siècles (1) ont entrevu, et dont le présage se trouve aussi dans les écrits les plus remarquables de notre époque (2); quelque bonheur que j'éprouve à partager des espérances dont l'accomplissement a pour garantie la triple auto-

---

(*Disc.* de Mirabeau sur l'égalité des partages dans les successions.) Dans le discours préliminaire placé en tête du projet du Code civil, on trouve les mêmes principes ainsi énoncés : « Le droit de propriété finit avec la vie du propriétaire... Aucun membre de sa famille ne peut réclamer ses biens à titre rigoureux de propriété.... Sur des biens vacans par la mort du propriétaire, on ne voit d'abord d'autre droit que celui de l'État. »

(1) L'idée si nettement exprimée par Saint-Simon, sur la perfectibilité humaine, avait été entrevue et signalée avec plus ou moins de précision, mais sans application à l'établissement d'un nouvel ordre social, par Vico, Turgot, Herder, Lessing, Price, Priestley, Kant, Condorcet, etc.

(2) M. de Chateaubriand s'exprime ainsi dans la préface de ses *Études historiques:* « La société, en avançant, accomplit certaines transformations générales, et nous sommes arrivés à l'un de ces grands changemens de l'espèce humaine.... Du servage on a passé au salaire, et le salaire se modifiera encore, parce qu'il n'est pas une entière liberté. (*OEuvres complètes,* 121 et 151.)

« Nous sommes à une des plus fortes époques que le genre humain ait à franchir pour avancer vers le but de sa destinée divine, dit M. de Lamartine, à une époque de rénovation et de transformation sociale pareille peut-être à l'époque évangélique.... Nous allons à une des plus sublimes haltes de l'humanité, à une organisation progressive et complète de l'ordre social, sur le principe de liberté d'action et d'égalité de droits..... Tout est débris, tout est vide devant nous; le sol est nivelé comme pour une grande reconstruction sociale, préparée par le divin architecte. » (*Sur la politique rationnelle,* pag. 19, 21 et 41.)

« Nous sommes arrivés à une époque palingénésique, dit M. Ballanche, et la ville des expiations est un tableau par lequel j'ai voulu signaler les principales tendances de cette époque.... j'ai voulu peindre le malaise général qui saisit les peuples dans ces jours, dont la mémoire est ensuite consacrée par des solennités publiques, dans ces jours de fin et de rénovation où les anciennes croyances sociales s'éteignent pour être remplacées par de nouvelles croyances, où une partie

rité de la philantropie, de la logique et de l'histoire, je ne me dissimule point que trop de préventions s'élèvent encore contre les idées saint-simoniennes, pour que leur entière application ne paraisse pas chimérique ou désastreuse à la foule des

---

des hommes vit encore dans le passé, pendant que l'autre s'avance vers l'avenir. » (*Palingénésie sociale*, pag. 191.)

« Il faut nous tenir prêts, dit de Maistre, pour un événement immense dans l'ordre divin vers lequel nous marchons avec une vitesse accélérée, qui doit frapper tous les observateurs. Il n'y a plus de religion sur la terre ; le genre humain ne peut rester dans cet état.... Mais attendez que l'affinité naturelle de la religion et de la science les réunisse dans la tête d'un seul homme de génie ; l'apparition de cet homme ne saurait être éloignée, et peut-être même existe-t-il déjà. Celui-là sera fameux, et mettra fin au dix-huitième siècle qui dure toujours, car les siècles intellectuels ne se règlent pas sur le calendrier, comme les siècles proprement dits. » (*Soirées de Saint-Pétersbourg*, onzième et dernier entretien, tome III.)

Dans ses *Considérations sur la France*, ce grand écrivain avait déjà exprimé cette pensée prophétique de la manière suivante : « Lorsque je considère l'affaiblissement général des principes moraux, la divergence des opinions, l'ébranlement des souverainetés qui manquent de base, l'immensité de nos besoins et l'inanité de nos moyens, il me semble que tout vrai philosophe doit opter entre ces deux hypothèses, ou qu'il va se former une nouvelle religion, ou que le christianisme sera rajeuni de quelque manière extraordinaire. » (Page 66.)

« Tout a changé autour de nous, dit M. de La Mennais : lois, institutions, mœurs, opinions, rien ne ressemble à ce que virent nos pères ; les idées ont pris et continuent de prendre des directions nouvelles ; le zèle le plus vif ne servirait à rien sans la connaissance de la société au milieu de laquelle il doit s'exercer. » (*Progrès de la Révolution.*)

« Peut-être sommes-nous, dit madame de Staël, à la veille d'un développement du christianisme, qui rassemblera dans un même foyer tous les rayons épars, et qui nous fera trouver dans la religion plus que la morale, plus que le bonheur, plus que la philosophie, plus que le sentiment même, puisque chacun de ces biens sera multiplié par sa réunion avec les autres. » (*L'Allemagne*, 4ᵉ partie. chap. I.)

« La perfectibilité de l'espèce humaine, dit Benjamin Constant, n'est autre chose que la tendance vers l'égalité..... L'esprit humain a trop de lumières pour se laisser gouverner plus long-tems par la force ou par la ruse..... Les connaissances, qui étaient jadis la propriété d'un petit nombre, deviennent celle d'un nombre beaucoup plus grand, et, de la sorte, les lumières gagnent tour à

hommes, d'ailleurs bien intentionnés, qui suivent docilement l'impulsion de la routine monarchique ou de l'empirisme libéral, et qui professent un culte superstitieux pour les traditions royalistes ou pour les oracles constitutionnels. Ainsi, tout en gardant ma conviction entière sur la réalisation future et complète du système social que tant de sublimes penseurs ont plus ou moins aperçu, et que Saint-Simon seul a conçu nettement; tout en déclarant que ce système ne consacre nullement, comme tant de gens l'ont trop légèrement avancé, ni la loi agraire, ni la communauté des biens, ni celle des femmes, ni le mépris des liens de famille; mais qu'il ne fait que substituer la hiérarchie selon la capacité à la hiérarchie selon la naissance; que remplacer la notabilité héréditaire par la notabilité du mérite; qu'établir un ordre de succession plus équitable et plus rationel, en prenant pour base la vocation au lieu du hasard (1); que raffermir le nœud conjugal, par la disparition des considérations de naissance et de fortune dans l'acte le plus religieux de la vie, et par l'élévation de l'épouse au niveau de l'époux; et que donner enfin pour

---

tour en intensité et en étendue. Il en est de même de la morale...... L'industrie est soumise à la même loi de progression..... Long-tems inférieure à la propriété foncière, elle devient par degrés son égale, et bientôt lui est supérieure.. La terre devient mobile.... Cette révolution change la société jusque dans ses bases. La propriété foncière est la valeur de la chose, l'industrie celle de l'homme. L'époque où la propriété foncière se voit domptée par l'industrie est celle d'un nouveau progrès dans la route de la valeur morale et du perfectionnement intellectuel.

«Nous avons cité ces divers exemples, ajoute l'illustre écrivain, pour en conclure qu'il existe une loi de progression, qui s'exerce dans tous les sens et sur tous les objets. La religion seule en serait-elle exempte?..... Non, sans doute. » (*Mélanges de politique et de littérature*, pages 97, 98, 99, 100, 107 et 112.)

(1) M. Pagès a très-bien fait sentir, dans son Discours sur la pairie, les avantages de la succession, selon l'ordre des capacités, sur l'hérédité selon le hasard de la naissance : « Une supériorité succède à l'autre, a-t-il dit, et pour réclamer l'héritage d'une illustration, il faut prouver qu'on est de la famille, et qu'on peut porter le poids de la célébrité. C'est là la véritable hérédité politique. »

guide et pour appui aux enfans la sollicitude toute puissante et jamais inactive de la société entière, sans les priver de la protection particulière et affectueuse de leurs proches; tout en croyant plus fermement que jamais à la doctrine dont Pascal et Montesquieu, Turgot et Necker (1), Condorcet et Mirabeau furent les précurseurs, et que Napoléon (2) appliqua par anticipation dans les camps avec tant de succès, je connais trop notre situation présente et les limites des possibilités actuelles, pour demander aux hommes d'état qui gouvernent la France d'imposer à leur pays une foi qu'ils n'ont pas eux-mêmes, et qui ne peut s'établir que par l'influence pacifique de la persuasion.

Mais je pense toutefois que si le but proposé par Saint-Simon

---

(1) « En arrêtant sa pensée sur la société et sur ses rapports, disait Necker, on est frappé d'une idée générale qui mérite bien d'être approfondie : c'est que presque toutes les institutions civiles ont été faites pour les propriétaires. On est effrayé, en ouvrant le code des lois, de n'y découvrir partout que le témoignage de cette vérité. On dirait qu'un petit nombre d'hommes, après s'être partagé la terre, ont fait des lois d'union et de garantie contre la multitude, comme ils auraient mis des abris dans les bois pour se défendre des bêtes sauvages. Cependant, on ose le dire, après avoir établi les lois de propriété, de justice, de liberté, on n'a presque rien fait encore pour la classe la plus nombreuse des citoyens. « Que nous importent vos lois de propriété? pourraient-ils dire. Nous ne possédons rien. — Vos lois de justice? Nous n'avons rien à défendre. — Vos lois de liberté? Si nous ne travaillons pas demain, nous mourrons. » (*Mémoires de Sully*, p. 170.)

(2) Le nom de Napoléon n'est encore si populaire, malgré tout ce que l'aristocratie et les classes moyennes ont dit de son despotisme et de son insatiable ambition, que parce qu'il fit de son armée une société selon la capacité, et non pas selon la naissance; une société où le mérite seul donnait droit à la fonction et à la récompense. Napoléon avait compris aussi qu'une révolution s'accomplissait dans la propriété. « Naguère, disait-il à Sainte-Hélène, on ne connaissait qu'une espèce de propriété, celle du terrain Il s'en est formé une nouvelle, celle de l'industrie aux prises en ce moment avec la première. C'est la guerre des champs contre les ateliers, des créneaux contre les comptoirs; et c'est pour ne pas reconnaître cette grande révolution dans la propriété qu'on s'expose encore à tant de bouleversemens. (*Mémorial.*)

(l'amélioration des masses populaires par l'abolition complète des priviléges héréditaires) né peut pas être atteint encore, il est essentiel, nécessaire, indispensable, de ne pas perdre de vue que les institutions sociales doivent tendre incessamment à cette amélioration, et affaiblir le plus possible, par des mesures graduelles, les droits du hasard de la naissance au profit de la capacité. C'est ce qu'ont très-bien senti quelques orateurs du côté gauche dans la discussion sur l'hérédité de la pairie, entre autres MM. Demarçay, Salverte, Dubois, Thouvenel et Mosbourg. Seulement il ne suffit pas de proclamer ce principe à propos d'une question de métaphysique constitutionnelle ; il faut surtout en faire l'application aux intérêts moraux et matériels du pays, à l'éducation et au bien-être du peuple.

Nous ne voyons pas aujourd'hui, il est vrai, comme sous l'ancien régime, un tiers-état humilié, possédant peu et supportant toutes les charges publiques, en présence d'une noblesse et d'un clergé possédant presque tout et ne payant rien ; mais nous avons sous les yeux un autre spectacle qui, sans être aussi révoltant, nous montre pourtant des abus à détruire et des souffrances à guérir. L'immense majorité de la nation française (1) gagne encore son pain à la sueur de son front, subit les privations les plus cruelles et reste exposée à toutes les chances de corruption, d'ignorance et de misère, sur un sol que la nature à richement doté, et dans un pays qui se vante à bon droit d'être le centre des arts et des lumières. Que fait-on cependant pour soulager tant d'infortunes, pour calmer tant de douleurs, pour faire cesser une situation si affligeante ? Quand il arrive à un député d'appeler l'attention de ses collègues sur la détresse des

---

(1) Sur trente-deux millions d'habitans, plus de vingt millions ont à peine vingt-cinq centimes par jour pour se nourrir et se vêtir, et les deux tiers de la population parisienne meurent à l'hôpital, ou ne laissent pas de quoi payer leurs funérailles.

classes laborieuses, à propos des émeutes, on rit (1) ou on lui oppose qu'il n'est pas dans la question (2). Quand la représentation nationale se ravise et réclame la sollicitude du gouvernement en faveur des classes pauvres (3), un adepte du doctrinarisme (4) se lève, et, *de par la liberté*, repousse comme une erreur économique la prétention de soumettre le pouvoir à régler le sort des ouvriers et à s'occuper de leur fournir des moyens d'existence, tandis qu'un ministre de l'instruction publique déclare que la France, qui a donné plusieurs milliards en quelques années pour payer les dettes et les prodigalités de la branche aînée des Bourbons, et qui sera encore assez riche pour consacrer quinze ou vingt millions à l'entretien annuel de la branche cadette, ne peut pas faire la dépense de soixante millions pour élever et instruire gratuitement les enfans de huit ou dix millions de familles.

Lorsque Charles X tomba du trône, les notabilités altières de

---

(1) M. Beauséjour ayant voulu appeler l'attention de la chambre sur la misère des classes laborieuses, des éclats de rire partirent aussitôt des bancs ministériels, et, à la même heure, devant le Palais de Justice, la police arrêtait un homme qui, montrant sa poitrine nue, offrait sa chemise aux passans pour avoir de quoi acheter du pain.

(2) Cette objection fut faite à M. Audry de Puyraveau, et exprimée par des clameurs si vives, que l'honorable député ne put pas achever la lecture de son discours.

(3) Lors de la discussion de l'adresse, M. Baudet Dulary présenta, en faveur des classes pauvres, un amendement qui ne fut pas adopté. Mais une proposition qui exprimait à peu près les mêmes vœux, et faite par M. Chasles, obtint un meilleur accueil. M. de Cormenin fit accepter aussi un paragraphe tout-à-fait favorable aux masses populaires, et si la chambre le repoussa ensuite, ce fut pour s'arrêter à une nouvelle rédaction de M. Gillon, qui en avait reproduit la partie la plus essentiellement philantropique.

(4) Ce fut M. Jaubert qui crut devoir réclamer vivement contre la prétention de soumettre le gouvernement à fournir du travail aux classes ouvrières; prétention qu'il avait aperçue dans l'amendement de M. de Cormenin. Depuis, MM. Guizot et Comte se sont exprimés avec plus de netteté encore. J'ai tâché de faire ressortir, dans un discours inséré au *Globe* du 24 octobre, les conséquences révoltantes de leur système.

la petite secte anglo-libérale qui gouverné la France affectèrent de dire, les uns à la tribune, les autres sous le secret des salons, que sa chute n'était que l'expiation inévitable de son ignorance des besoins actuels de la société, et ils allèrent prononçant partout avec dédain les mots de démence et de stupidité. Pourquoi donc, après avoir traité avec tant de sévérité un prince dont l'aveuglement pouvait au moins trouver une excuse dans les souvenirs ineffaçables de l'enfance, dans un attachement chevaleresque aux traditions de l'ancien régime, et dans les préjugés religieux de la vieillesse, pourquoi se montrer soi-même tout aussi peu intelligent et non moins opiniâtre, en face du peuple qui a si glorieusement et si cruellement puni le monarque dont on a proclamé l'insuffisance rationnelle et la témérité, en même temps que l'on se partageait sa dépouille? Charles X, héritier de soixante rois, représentant de la légitimité, vétéran de *l'œil-de-bœuf* et de *Coblentz*, ne pouvait croire à la possibilité de l'ordre en France qu'à la condition de rétablir le plus possible la hiérarchie que la révolution avait brisée; à ses yeux, la splendeur et la prospérité de la France tenaient à la réhabilitation politique des hautes classes, dont la considération et le crédit avaient fait la force et la gloire de l'ancienne monarchie. Un tel prince, habitué à se regarder comme le premier gentilhomme de son royaume et comme le fils aîné de l'église, devait être préoccupé avant tout du besoin d'accroître l'importance sociale de la *noblesse* et du *clergé*; et c'était en quelque sorte pour lui une affaire de foi que de laisser tomber sur le *peuple* l'indifférence et le mépris dont l'orgueil féodal faisait parade envers tout ce qui n'était pas *né*. Mais ceux qui furent donnés, dès le berceau, au génie révolutionnaire; ceux qui ont été élevés pour la démocratie, ceux qui ont applaudi dans les clubs, ou qui ont combattu sous l'armure républicaine; ceux là ne pourraient rien alléguer de plausible pour se faire absoudre de l'abandon et de l'oubli auxquels ils condamneraient les intérêts populaires.

Qu'on y songe bien cependant : si le *tiers-état* fit la révolution de 1789 parce qu'il ne pouvait plus supporter la concentration de la vie sociale dans les ordres privilégiés, les *prolétaires* ont fait la révolution de 1830 parce qu'un instinct infaillible les poussait aussi à prendre place dans l'État; et c'est quand ils se sont montrés si dignes de cette tardive promotion, quand le monde admire en eux les vengeurs de la morale publique, les sublimes artisans du progrès, les interprètes, les sauveurs du PEUPLE-ROI des temps modernes, c'est alors que l'on repousse avec hauteur leurs vœux d'amélioration, et qu'on leur applique insolemment l'épithète de *faux peuple!*

Cette masse innombrable d'hommes laborieux, dont on paie les travaux et les services avec des injures et du mépris, se résignera-t-elle long-tems au salaire de l'ingratitude? Si les *vastes cervelles* et *les têtes carrées* qui, selon l'expression de M. de Chateaubriand, ont imaginé successivement qu'il suffisait, pour aplanir le passage d'un régime à un autre, de changer *les draps du lit de Bonaparte* pour y coucher Louis XVIII, et de glisser ensuite Philippe dans le lit de Charles, se flattent de persuader au *peuple de juillet* qu'il n'a fait qu'une *œuvre de chambellan* et qu'une *révolution de costume*, on en juge autrement non-seulement en France, mais chez les nations les plus civilisées de l'Europe. Il y a peu de jours en effet que les publicistes officiels du cabinet de Saint-James (les rédacteurs du *Courrier* anglais), déclaraient naïvement que les prolétaires français n'ayant bravé la mitraille qu'afin d'obtenir quelque amélioration dans leur sort pour prix de leur dévoûment, seraient d'autant plus impitoyables s'ils reprenaient *le pouvoir des barricades* que leurs premières espérances ont été déçues.

Hé bien ! c'est cette nouvelle explosion de la colère nationale, ce nouvel acte de la justice populaire, ce nouveau soulèvement des classes laborieuses, cette menace d'ébranlement des pavés de Paris, ce retour de la charrue révolutionnaire, qu'il faut prévenir par la satisfaction de tous les vœux et de tous les besoins légitimes, par des lois qui établissent progressivement et sans secousses une répartition plus équitable des charges et des avantages sociaux (1). Ouvrez une voie large aux réformes graduelles et pacifiques, et vous n'aurez plus à redouter les réformes brusques et violentes. D'un seul coup vous pouvez atteindre l'insurrection royaliste de la Vendée, et l'émeute républicaine ou napoléoniste de la capitale, en donnant au peuple assez d'éducation, d'instruction et de bien-être, pour que nulle pensée séditieuse ne puisse trouver accès auprès de lui. L'allégement des impôts qui l'écrasent plus spécialement, l'abolition des droits sur les boissons et sur le sel, seraient sans doute d'importantes améliorations ; mais elles auraient plutôt pour effet de soulager l'infortune et d'atténuer la souffrance que de produire la richesse et d'enfanter le bonheur. Il s'agit donc moins d'ébrancher et de réduire un budget que d'en changer l'origine, les élémens, la direction et l'emploi. Que la pompe gouvernementale, au lieu d'aller puiser comme aujourd'hui parmi *les consommateurs laborieux*, les sucs vitaux qui alimentent le trésor, pour se répandre de là en gros traitemens et en sinécures, à la superficie de la société, porte au contraire sa puissance aspirante au milieu des *consommateurs oisifs*, et qu'elle double alors son action fiscale, s'il le faut, pour faire passer sans déchirement, par l'éducation et le travail, à la population active et indigente, le superflu de la fortune improductive. Bien plus qu'au tems des Turgot et des Necker, c'est l'assiette, le mécanisme et la distribution de l'impôt qu'il faut changer hardiment pour conjurer des catastrophes imminentes. On ne se récrie si vivement sous le poids du milliard annuel que parce qu'il est mal perçu et mal employé. Avec une combinaison nouvelle qui respecterait le denier créateur du laboureur et de l'artisan, et qui n'atteindrait l'or stérile du bourgeois que pour le féconder au profit de la société tout entière, un gouvernement pourrait se faire bénir par l'augmentation même des dépenses publiques. Ce

---

(1) MM. D'Argenson, Beauséjour, Pagès, Laboissière, etc., ont prononcé des discours fort remarquables sur la nécessité de cette répartition.

ne sont pas des lois somptuaires que je propose : le luxe, mal défini, vague, incertain, fugitif, est, on le sait, peu saisissable de sa nature. C'est par l'impôt direct que je voudrais procéder, en l'établissant sur une échelle progressive ; c'est, à son passage d'une main oisive à une main oisive, que je voudrais atteindre la fortune ; c'est à la législation sur le transfert des rentes et sur la transmission héréditaire des capitaux mobiliers et immobiliers que je confierais l'accroissement graduel de la prospérité publique.

Quand la loi sera ainsi chargée d'amoindrir pacifiquement les priviléges du hasard et de l'oisiveté au profit du mérite et du travail, les hautes classes pourront bien se trouver conduites à retrancher graduellement quelque chose du faste, de l'ostentation, de la splendeur et des prodigalités de leurs fêtes ; mais la douceur de leur vie n'en sera point altérée, leur repos en sera mieux garanti ; car le mécanisme financier qui prendra sur la richesse oisive pour fonder des maisons d'éducation gratuite pour tous les enfans du peuple, et des banques pour toutes les branches de l'industrie, sans autre condition de crédit que l'honneur et la capacité, ce nouveau mécanisme financier aura plus fait pour l'ordre et la tranquillité que toutes les mesures de rigueur contre les attroupemens, que toutes les lois sur les émeutes.

C'est pour avoir méconnu la nécessité d'entrer au plus vite dans cette voie nouvelle ; pour n'avoir pas compris que la classe la plus nombreuse et la plus active était arrivée à une nouvelle époque d'affranchissement et d'amélioration ; pour n'avoir pas senti que les palliatifs et les vieilles formules ne pouvaient plus rien contre des maux invétérés, qui réclament une cure radicale ; c'est pour avoir manqué à l'intelligence de la société qu'ils voulaient gouverner, que tous les partis, dont le règne a successivement pesé sur la France depuis la révolution de 1789, n'ont rien pu fonder de durable, et qu'ils n'ont fait que vivre péniblement au jour le jour, avec plus ou moins de honte ou de gloire, avec plus ou moins de faiblesse ou de dignité.

Vous donc qui tenez à rester le plus long-tems possible les arbitres suprêmes des destinées du peuple, au lieu de vous irriter de ses justes doléances, occupez-vous d'en faire cesser la cause et d'en tarir la source. Pour gouverner en paix une nation, il faut lui prouver qu'on l'aime, qu'on la comprend et qu'on veut la rendre heureuse autrement que par des discours d'apparat et des harangues officielles. Charles X parlait incessamment de son affection toute paternelle pour ses peuples, et Charles X expie ce langage de protocole, ce mensonge d'étiquette, à Holyrood !

POST-SCRIPTUM.

Les événemens de Lyon viennent de justifier, d'une manière éclatante et terrible, tout ce que j'ai dit des souffrances de la classe laborieuse, de la stérilité des vieilles théories politiques et de la nécessité d'un nouveau système financier, qui, imposant l'oisiveté et dégrevant le travail, réforme pacifiquement un ordre social dans lequel la masse innombrable des producteurs, privée des secours de la richesse particulière et de l'appui de la prévoyance sociale, est placée incessamment entre la révolte et la faim. Certes, ce n'est pas sans éprouver une douleur profonde que je me vois contraint d'enregistrer sur des monceaux de cadavres la justification de mes pressentimens ; mais quelque pénible que soit un recours à d'aussi effrayans témoignages, il vaut mieux les écouter avec courage et les prendre pour des avertissemens providentiels, quand ils sont irrévocablement consommés, que de se laisser emporter par la colère ou accabler par l'affliction.

La métropole de l'industrie française a vu, dans son sein, le premier combat entre le maître et l'ouvrier, entre le bourgeois et le prolétaire : espérons que ce sera aussi le dernier, et pour réaliser cet espoir, comprenons bien tout ce qu'il y a de grave et de fondamental dans une lutte que trop de gens pourraient être disposés à considérer comme une échauffourée sans importance et sans cause profonde.

Le peuple, exploité par tous les partis et sous toutes les couleurs, vient d'attester à Lyon qu'il avait réellement donné sa démission dans le vieux monde politique, et qu'il ne voulait plus servir d'instrument aux factions, qui méditent des révolutions de costume ou des changemens de livrée. Tout en exprimant ses griefs par des voies désordonnées, et sous une forme coupable, il s'est montré assez intelligent pour comprendre que ses maux ne provenaient pas de l'absence de telle ou telle dynastie, assez moral pour respecter les personnes et les propriétés des classes oisives auxquelles il n'a demandé que de meilleures conditions de travail, comme il avait été assez brave pour lutter avec avantage contre les plus braves soldats de l'Europe. Il est affligeant sans doute que le parti des travailleurs soit venu arborer son drapeau au milieu du sang; mais, je le répète, il y a quelque chose de mieux à faire que de gémir sur des calamités accomplies: c'est d'en rechercher les causes et d'en prévenir le retour. Les ouvriers de Lyon ont révélé la nature et la profondeur de la plaie qui tourmente et ronge la population laborieuse de la France, comme ceux de Bristol avaient attesté la situation déplorable de l'Angleterre; seulement ils ont manifesté dans le combat et dans la victoire la supériorité morale de notre pays sur cette terre autrefois rivale et aujourd'hui amie, où le meurtre, le pillage et l'incendie ont signalé le triomphe passager des prolétaires.

Mettons donc à profit les leçons qui nous arrivent du sein même de la révolte. Ce n'est pas en insistant, dans des adresses ou des harangues officielles, sur la *répression* du désordre par les voies militaires que l'on peut garantir le retour et le maintien de l'ordre. Si le gouvernement est rassuré en apprenant qu'il n'y a plus rien à craindre des carlistes, des bonapartistes et des républicains, qu'il n'oublie pas cependant que sur les ruines de ces anciens partis ont apparu des travailleurs, dont les prétentions, les droits et la puissance méritent bien aussi d'être pris sérieusement en considération. Il n'est permis d'applaudir en toute sécurité au dédain qu'ont essuyé les *voltigeurs* de la restauration et de l'empire, dans la seconde ville du royaume, qu'autant que l'on se sent capable d'apprécier et de satisfaire toutes les exigences légitimes du peuple qui a repoussé le panache de Henri et l'aigle de Napoléon, pour inscrire sur sa bannière :

VIVRE EN TRAVAILLANT,
OU MOURIR EN COMBATTANT.

Déjà la plupart des journaux de Paris et des départemens ont signalé le nouveau problème politique dont les événemens de Lyon rendent la solution urgente. *Le National, le Courrier Français, le Journal du Commerce* et *le Temps*, se sont faits surtout remarquer par leur sollicitude pour la classe laborieuse, dont le *Globe* a depuis long-tems et plus spécialement embrassé la cause.

Les feuilles ministérielles elles-mêmes, après quelques jours de colère et de menaces, en sont venues à parler un langage qui respire plus de sagesse et de philantropie. Le *Journal des Débats* annonce que le pouvoir s'occupera d'améliorer le sort des classes laborieuses, et il fait observer, à cette occasion, que le *travail* ne peut pas se passer *encore* du secours de la *propriété*.

Cette remarque est éminemment juste, et je suis d'autant plus disposé à le reconnaître que j'ai dit et répété publiquement, plus d'une fois, que la propriété restait comme un dernier lien, pour empêcher la dissolution complète de la société, jusqu'à ce qu'une nouvelle hiérarchie, fondée sur une nouvelle conception politique et religieuse, eût donné et fait accepter pacifiquement à tous par la seule influence de la persuasion et de la foi, une position sociale conforme à leur désir et à leur aptitude. J'ajouterai même, pour rendre plus manifeste la sincérité de mon opinion,

que les ouvriers lyonnais, embarrassés aujourd'hui de leur victoire, me font sentir, plus que jamais, combien j'eus raison d'a-
vertir constamment les travailleurs qu'ils ne pourraient arriver
au bien-être par la violence, et de leur rappeler que ce n'était
pas le glaive exterminateur de Spartacus qui avait affranchi les
esclaves.

Conditions de la Souscription.

La Revue Encyclopédique paraît mensuellement, depuis janvier 1819, par cahiers de plus de 200 pages d'impression. Trois cahiers forment un volume, terminé par une *Table méthodique et alphabétique des matières*.

Chaque année est indépendante des années précédentes, et [forme un] *Annuaire scientifique et littéraire*, en 4 volumes in-8°.

PRIX DE L'ABONNEMENT.

[...] pour Paris, un an : 46 fr.; pour six mois [...] 26

[...] 54

[...] 12

[...] On souscrit [...] le prix de la souscription, qui doit être payé d'avance [...]

CONSIDÉRATIONS

SUR

LA POLITIQUE

EXTÉRIEURE ET INTÉRIEURE

DE LA FRANCE

DEPUIS LA RÉVOLUTION DE 1830;

PAR M. LAURENT.

PARIS.

ÉVERAT, IMPRIMEUR, RUE DU CADRAN, N° 16.

1831.